'26年版

就職試験
これだけ覚える

一般常識・時事

成美堂出版

最新の動きをチェック！

政治に関する動き

- 2023年４月、［こども家庭庁］が発足。
- 2023年５月、［マイナンバー］のトラブルが相次ぐ。
- 2023年８月、福島原発の処理水［海洋放出］開始。
- 2023年９月、第２次岸田［再改造内閣］発足。
- 2023年10～11月、女性問題などで［政務三役］が３人辞任した。
- 2023年11月、［所得税］減額などを柱とする経済対策決定。
- 2023年12月、普天間基地の辺野古移設について、国が初の［代執行］を実施した。
- 2023年12月、［裏金］疑惑で安倍派「５人衆」が閣僚・党幹部を辞任。
- 2024年３月、［旧統一教会］が献金被害者救済の特例法に基づく指定宗教法人に指定された。

経済に関する動き

- 2023年７月、［長期金利］の上限、事実上１%に。その後10月には１%超えを容認。
- 2023年11月、円相場が一時１ドル＝151円台後半と22年10月以来の［円安・ドル高］に。
- 2023年12月、米紙ニューヨークタイムズがオープンAIとマイクロソフトを［著作権侵害］で提訴。
- 2024年１月、恒久化された少額投資非課税制度・新［NISA《ニーサ》］がスタート。
- 2024年３月、日経平均株価、初の［４］万円台に。

国際社会に関する動き

●2023年4月、フィンランドが［NATO］に加盟。
●2023年5月、G7［広島サミット］開催。
●2023年5月、［トルコ］・エルドアン大統領再選。
●2023年6月、ウクライナ、反転攻撃を開始。カホフカダムが決壊。ロシアで民間軍事会社［ワグネル］が武装反乱、1日で収束。
●2023年7月、ロシア、［穀物輸出］合意を停止。
●2023年8月、［日米韓］の首脳が会談。
●2023年9月、北朝鮮の［金正恩《キムジョンウン》］総書記がロシアを訪問、プーチン大統領と会談。
●2023年10月、［ハマス］がイスラエルに大規模攻撃。イスラエルは報復。
●2023年11月、［米中］首脳が1年ぶりに会談。
●2024年3月、スウェーデンが［NATO］に加盟。

生活・文化に関する動き

●2023年5月、新型コロナウイルス感染症は、感染症法における2類相当から［5類］に引き下げ。
●2023年10月、将棋の［藤《ふじ》井《い》聡《そう》太《た》］棋士が王座戦に勝利し、全8冠制覇を達成した。
●2023年10月、MLBの［大谷《おおたに》翔《しょう》平《へい》］選手がア・リーグ本塁打王。11月、史上初2度目の満票でMVP受賞。12月、エンゼルスからドジャースへ移籍。
●2023年12月、プロボクシングの［井上《いのうえ》尚《なお》弥《や》］選手が、世界スーパーバンタム級タイトルマッチを制し、史上2人目の2階級での4団体王座統一。
●2024年1月、元日の夕方に［能登半島］地震が発生。マグニチュード7.6、震度7を記録した。

時事キーワード

□[オスプレイ]●2023年11月に鹿児島県屋久島沖で墜落事故を起こした米軍輸送機

□[COP28《コップ》]●2023年の国連気候変動枠組条約締約国会議→p.25

□[生成AI]●AI（人工知能）を利用して文章やアート作品を制作する技術。ChatGTPなど。

□[ディープフェイク]●ディープラーニング（深層学習）とフェイク（偽物）を組み合わせた造語で、AI技術を活用し巧妙に合成された偽物・悪用をいう

□[闇バイト]●SNSなどネットで募った、多くは匿名で罪の意識も薄い実行役による詐欺や強盗事件

□[記録的猛暑]●2023年都心で最高気温35度以上の猛暑日を22日、30度以上の真夏日を90日観測

□[旧ジャニーズ事務所]●ジャニー喜多川元社長による50年にわたる性加害が明らかに。社長交代、社名変更のもと被害者救済へ

□[ガザ地区]●イスラム組織ハマスが実効支配するパレスチナ自治区。2023年10月、ハマスとイスラエル軍との衝突が起きて戦闘状態が長期化→p.20

□[スポハラ]●コーチによる暴力などスポーツ界におけるハラスメント。NO！スポハラ活動が話題に

□[京アニ放火]●2019年７月に京都市の京都アニメーションが放火され36人が死亡した放火殺人事件。24年１月、青《あお》葉《ば》真《しん》司《じ》被告に死刑判決

□[ヤングケアラー]●本来は大人が担う家事や家族の世話などを日常的に行う子ども。2024年、法制化（子ども・若者育成支援推進法に明記）へ

□[SLIM《スリム》]●2024年１月、日本初の月面着陸に成功した無人探査機

時事人物ファイル

□[岸田《きしだ》文雄《ふみお》]●日本の第101代内閣総理大臣(2021年11月〜)。自由民主党所属の衆議院議員

□[ジョー・バイデン]●アメリカの第46代大統領(2021年1月〜)。民主党に所属

□[習近平《シージンピン》]●中国共産党第5代中央委員会総書記(2012年11月〜)。第7代国家主席(2013年3月〜)

□[金正恩《キムジョンウン》]●北朝鮮の第3代最高指導者(2011年12月〜)。21年1月から朝鮮労働党の総書記を名乗る

□[ウラジーミル・プーチン]●ロシアの第2代・第4代大統領(2000年5月〜/2012年5月〜)

□[ウォロディミル・ゼレンスキー]●ウクライナの第6代大統領(2019年5月〜)。元コメディアン

□[ベンヤミン・ネタニヤフ]●イスラエルの第20代首相(2022年12月〜。過去にも数次にわたり在職)

□[フォン・デア・ライエン]●欧州委員会第13代委員長(2019年12月〜)。女性初。ベルギー・ブリュッセル生まれのドイツ人

□[ヘンリー・キッシンジャー]●アメリカの元国務長官。米中国交正常化などに尽力。2023年11月、100歳で死去

□[植田《うえだ》和男《かずお》]●経済学者。日本銀行の第32代総裁(2023年4月〜)。学者出身では初

□[袴田《はかまだ》巖《いわお》]●元死刑囚。強盗殺人罪で死刑が確定していたが、2023年10月に再審開始

□[北口《きたぐち》榛花《はるか》]●やり投選手。2023年の世界陸上選手権優勝、日本女子初のフィールド種目金メダリスト

□[小澤《おざわ》征爾《せいじ》]●指揮者。ボストン交響楽団やウィーン国立歌劇場の音楽監督などを務め「世界のオザワ」とよばれた。2024年2月、88歳で死去

本書の特長と使い方

就職試験において、筆記試験の形式や内容はさまざまですが、高度な専門知識は必要ありません。採用側の目的は、受験者が社会人として必要な**一般教養・一般常識**を備えているかどうかを見極めることです。

本書では、試験に必要な内容を**時事と５科目**（社会・数学・理科・国語・英語）に分類しました。どこから始めても結構です。また、暗記するのに便利な**赤シート付き**。携帯しやすいコンパクトなサイズなので電車の中でも学習できます。知識の習得や試験の直前対策など幅広く活用してください。

おさえておこう!!

本書の冒頭に**最新の動き**と、**時事キーワード・時事人物ファイル**をまとめています。まずはしっかりと直近の動向を把握しておきましょう。

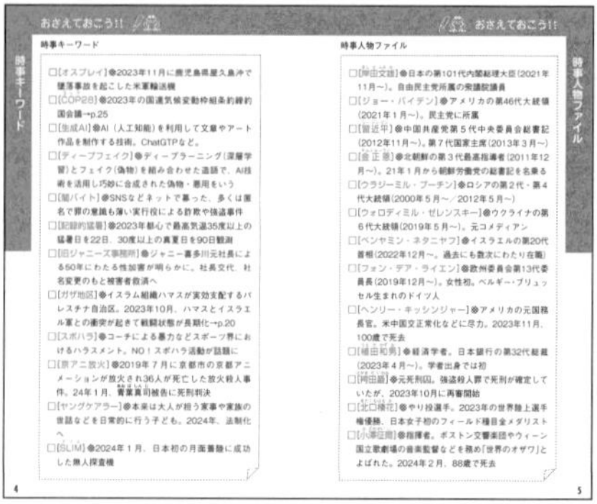

おさえておこう!!

時事キーワード

□［オスプレイ］◎2023年11月に鹿児島県屋久島沖で墜落事故を起こした米軍輸送機
□［COP28］◎2023年の国連気候変動枠組条約締約国会議→p.25
□［生成AI］◎AI（人工知能）を利用して文章やアート作品を制作する技術。ChatGTPなど。
□［ディープフェイク］◎ディープラーニング（深層学習）とフェイク（偽物）を組み合わせた造語で、AI技術を活用し巧妙に合成された偽物・悪用をいう
□［闇バイト］◎SNSなどネットで募った、多くは匿名で罪の意識も薄い実行役による詐欺や強盗事件
□［記録的猛暑］◎2023年都心で最高気温35度以上の猛暑日を22日、30度以上の真夏日を90日観測
□［旧ジャニーズ事務所］◎ジャニー喜多川元社長による50年にわたる性加害が明らかに。社長交代、社名変更のもと被害者救済へ
□［ガザ地区］◎イスラム組織ハマスが実効支配するパレスチナ自治区。2023年10月、ハマスとイスラエル軍との衝突が起きて戦闘状態が長期化→p.20
□［スポハラ］◎コーチによる暴力などスポーツ界におけるハラスメント。NO！スポハラ活動が話題に
□［京アニ放火］◎2019年７月に京都市の京都アニメーションが放火され36人が死亡した放火殺人事件。24年１月、青葉真司被告に死刑判決
□［ヤングケアラー］◎本来は大人が担う家事や家族の世話などを日常的に行う子ども。2024年、法制化へ
□［SLIM］◎2024年１月、日本初の月面着陸に成功した無人探査機

4

おさえておこう!!

時事人物ファイル

□［岸田文雄］◎日本の第101代内閣総理大臣（2021年11月～）。自由民主党所属の衆議院議員
□［ジョー・バイデン］◎アメリカの第46代大統領（2021年１月～）。民主党に所属
□［習近平］◎中国共産党第５代中央委員会総書記（2012年11月～）。第７代国家主席（2013年３月～）
□［金正恩］◎北朝鮮の第３代最高指導者（2011年12月～）。21年１月から朝鮮労働党の総書記を名乗る
□［ウラジーミル・プーチン］◎ロシアの第２代・第４代大統領（2000年５月～／2012年５月～）
□［ウォロディミル・ゼレンスキー］◎ウクライナの第６代大統領（2019年５月～）。元コメディアン
□［ベンヤミン・ネタニヤフ］◎イスラエルの第20代首相（2022年12月～。過去にも数次にわたり在職）
□［フォン・デア・ライエン］◎欧州委員会第13代委員長（2019年12月～）。女性初。ベルギー・ブリュッセル生まれのドイツ人
□［ヘンリー・キッシンジャー］◎アメリカの元国務長官。米中国交正常化などに尽力。2023年11月、100歳で死去
□［植田和男］◎経済学者。日本銀行の第32代総裁（2023年４月～）。学者出身では初
□［袴田巖］◎元死刑囚。強盗殺人罪で死刑が確定していたが、2023年10月に再審開始
□［北口榛花］◎やり投選手。2023年の世界陸上選手権優勝、日本女子初のフィールド種目金メダリスト
□［小澤征爾］◎指揮者。ボストン交響楽団やウィーン国立歌劇場の音楽監督などを務め「世界のオザワ」とよばれた。2024年２月、88歳で死去

5

※本書の内容は原則として2024年2月現在の情報に基づいています。

理解しよう!!

理解しよう!!のページ（時事・社会・数学・理科）には、図や表を使って重要事項がまとめてあります。赤字は赤シートを使っておぼえてください。

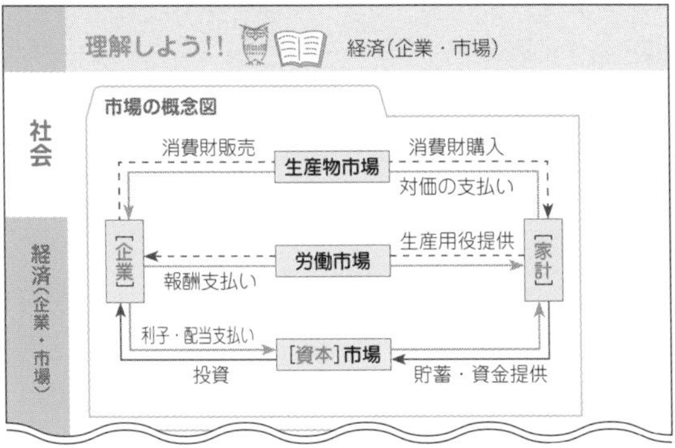

おぼえよう!!

おぼえよう!!のページの太字や赤字は特に重要な知識です。しっかり暗記しましょう。ここでも赤シートを活用すると便利です。

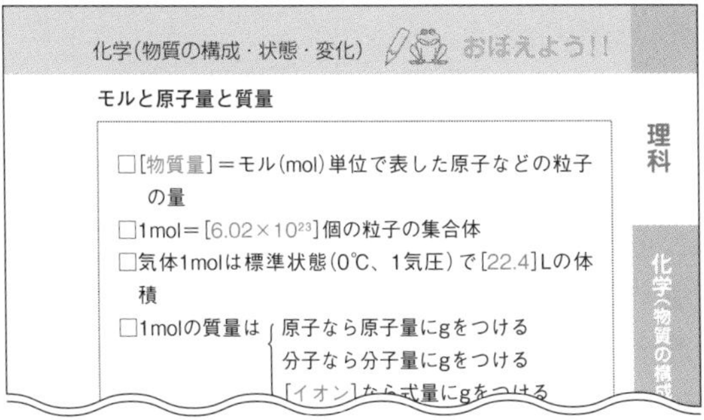
化学(物質の構成・状態・変化)　おぼえよう!!

理科

化学(物質の構成

モルと原子量と質量

□[物質量]＝モル(mol)単位で表した原子などの粒子の量

□1mol＝[6.02×10^{23}]個の粒子の集合体

□気体1molは標準状態(0℃、1気圧)で[22.4]Lの体積

□1molの質量は　原子なら原子量にgをつける
分子なら分子量にgをつける
[イオン]なら式量にgをつける

もくじ

時　事

岸田政権の動向

第101代岸田文雄内閣総理大臣による政権は2021円11月に発足したが、[旧統一教会]問題などで揺らぐ。23年には５月のG７サミット主催、９月の内閣改造で支持回復を図るが、直後に自民党派閥のパーティー券問題が発覚、逆風は続く

□[旧統一教会]**問題**●2022年７月の参院選中に安《あ》倍《べ》晋《しん》三《ぞう》元首相銃撃事件発生。被告の母親が[旧統一教会]信者で多額の献金により家庭崩壊をまねいていた背景が判明。

→教団と自民党議員の接点も判明、政治と宗教の関係が社会問題に。安倍氏の国葬が閣議決定で実施されたことも相まって内閣支持率は急低下、８月に内閣改造

→[旧統一教会]に対しては、11月に文部科学省が宗教法人法に基づく質問権を初めて行使、12月に被害者救済のための新法が成立、23年10月には解散命令請求が行われた。24年３月、新法に基づく指定宗教法人に指定

□**G7サミット主催**●2023年５月、議長国として[広島]で開催。招待国会合にウクライナの[ゼレンスキー大統領]が参加し話題を集めた。

□**内閣改造**●2023年９月には内閣改造を敢行、第２次岸田[第２次改造]内閣を発足させた。

□[パーティー券]**問題**●自由民主党の複数派閥で、政治資金パーティーの収入を政治資金収支報告書に記載せず巨額の[裏金]となっていたことが発覚、政治資金規正法違反の疑いで東京地検による捜査となった。

→所属議員に当選回数などに応じた[パーティー券]販売のノルマを設け、ノルマを超過した分は議員に[還流]させ（キックバック）、派閥・議員側双方の政治資金収支報告書に記載しない会計処理が慣例化。[還流]は党幹部や事務総長経験者にも及んでいた

経済政策［新しい資本主義］

「成長と［分配］の好循環」を掲げてきたが、実行計画を策定する過程で軌道修正し、「成長のための［投資］と改革」を重視。構造的な賃上げや［リスキリング］（学び直し）支援など「人への投資」のほか、科学技術・イノベーション、スタートアップ（新興企業）への支援、脱炭素化、デジタル化を成長分野とする。さらに今後は子ども・子育て政策も重視する

□［資産所得倍増プラン］●貯蓄されている個人の金融資産を株式などへの投資にシフトし、家計の所得増加を図る。2024年から少額投資非課税制度［NISA《ニーサ》］を恒久化し、個人型確定拠出年金［iDeCo《イデコ》］の加入可能年齢引き上げ（69歳以下）も検討

□［グリーントランスフォーメーション（GX）］●温室効果ガス排出量削減のため、太陽光・風力・水素など環境負荷が少ないエネルギーの導入を推進して経済成長へつなげる、経済社会システムの変革。

［カーボンニュートラル］…温室効果ガスの排出量と吸収量を差し引きゼロにすること。2050年までに温室効果ガス排出を実質ゼロにするのが目標

［カーボンプライシング］…温室効果ガスの排出に対する価格付け。脱炭素社会実現に向け企業などが議論する［GXリーグ］で23年度から排出量取引制度を試行的に開始、26年度から本格稼働をめざす

□［デジタルトランスフォーメーション（DX）］●情報通信技術の浸透による生活やビジネスの変革。

［デジタル田園］都市国家構想…デジタル技術を活用した地域活性化。最先端技術を取り入れた行政サービスを提供する国家戦略特区［スーパーシティ］に大阪府大阪市と茨城県つくば市を指定

マイナンバー制度

制度の狙い

[社会保障]・[税]・災害対策に関する行政手続きの効率化を図るため、住民票をもつすべての人に12桁の個人番号を割り振って効率的な情報の管理と個人の識別を一体的に行う制度。2016年スタート。21年９月より[デジタル庁]が所管

カードの利用拡大

顔写真入りの[マイナンバーカード]は申請に基づき交付。21年10月からは[健康保険証]としての本格運用がスタート。24年12月に[健康保険証]を廃止、年度中に[運転免許証]との一体化などが図られる見通し

2024年問題への対応

働き方改革関連法の特例による猶予が３月末で終了、物流・運送業界において[時間外]労働の上限が年間960時間に。従来の人手不足に加えこの制限により物流の停滞が懸念される。政府は23年10月に物流の効率化や商慣行の見直しを柱とする緊急対策をまとめ、14万人とも見込まれるドライバー不足解消をめざす

安全保障・防衛政策の転換

中国の海洋進出、北朝鮮の[ミサイル]発射実験やロシアのウクライナ侵攻などを受け、防衛費を2023年度から27年度までの５年間で総額[43]兆円程度とし、[ミサイル]防衛・自衛を目的とした反撃能力の保有も決めた。財源には、24年以降の法人税・所得税・たばこ税の増税分を見込んでいる

憲法改正の論点

自民党は憲法改正実現本部を設置。教育の充実、参議院選挙区の合区解消のほか、次の２点を改憲項目として掲げている→憲法改正手続はp.35で確認

□[自衛隊]**の明記**●戦争の永久放棄や戦力の不保持などを定めた第９条を維持して、新設する第９条の２に、必要な自衛の措置をとる実力組織として[自衛隊]の保持を明記する案が示されている

□[緊急事態条項]●大規模自然災害、テロ・内乱、外国からの攻撃などの有事の際に、政府の権限を一時的に強化する規定。内閣による緊急政令制定や国会議員の任期延長などが想定されている

衆議院の選挙制度改革

□[１票の格差]●選挙区ごとに議員１人を選出するために必要な得票数が異なることから、有権者の１票の価値に生じる格差。

[アダムズ方式]…都道府県の人口を一定の数値で割り、定数配分する方式。格差是正のために衆議院小選挙区で導入。2022年12月に改正公職選挙法が施行され、区割りの改定とともに[10増10減]の定数配分が決定。次期衆院選より適用

・５増：[東京都]

・２増：[神奈川県]

・１増：埼玉／千葉／愛知の各県

・１減：宮城／福島／新潟／滋賀／和歌山／岡山／広島／山口／愛媛／長崎の各県

比例代表については３増３減で、東京都で２増、南関東で１増、東北・北陸信越・中国で１減

主な国家と首脳(政党)

北米・南米	アメリカ	[バイデン]大統領(民主党)/2021年就任/22年11月の中間選挙により、アメリカ連邦議会上院は[民主党]が多数派を維持、下院は[共和党]が過半数を占め逆転。24年11月(25年1月就任)の次期大統領選に[トランプ]前大統領などが出馬表明
	カナダ	[トルドー]首相(自由党)/2015年就任(3期目)
	ブラジル	[ルラ]大統領(労働者党)/2003・2023年就任(通算3期目)
ヨーロッパ	イギリス	[スナク]首相(保守党)/2022年就任/イギリス史上初となるアジア系の首相(両親がインド系移民)
	フランス	[マクロン]大統領(中道政党・再生)/2017年就任(2期目)/22年下院総選挙で与党連合は過半数割れ
	イタリア	[メローニ]首相(右派政党・イタリアの同胞)/2022年就任/同国初の女性首相。極右含む右派連立政権
	ドイツ	[ショルツ]首相(中道左派・社会民主党)/2021年就任/緑の党、中道リベラル・自由民主党と連立政権
	ロシア	[プーチン]大統領(統一ロシア)/2000・2012年就任(通算4期目)。24年3月に次期大統領選
	ウクライナ	[ゼレンスキー]大統領(中道政党・国民の僕)/2019年就任。24年5月に任期切れを迎えるが、大統領選は延期の見込み

ヨーロッパ	ベラルーシ	[ルカシェンコ]大統領／1994年就任（6期目）／ロシアと同盟関係
	カザフスタン※	[トカエフ]大統領／2019年就任（2期目）／22年の再選後、ロシアと中国を軸とした多角化外交を志向
アジア・オセアニア・中東	中国	[習近平（シー・ジンピン）]国家主席（中国共産党）／2013年就任（23年3月より3期目）
	台湾	[蔡英文（ツァイ・インウェン）]総統（民主進歩党）／2016年就任（2期目）／24年1月の総統選で与党の[頼清徳]副総統が当選、5月に就任。1996年の直接選挙開始以来初の同一政党による3期連続政権
	韓国	[尹錫悦（ユン・ソンニョル）]大統領（保守政党・国民の力）／2022年就任／元検事総長
	オーストラリア	[アルバニージー]首相（労働党）／2022年就任
	インド	[モディ]首相（インド人民党）／2014年就任（2期目）
	インドネシア	[ジョコ]大統領（中道左派・闘争民主党）／2014年就任（2期目）
	イラン	[ライシ]大統領／2021年就任／イランの最高指導者はハメネイ師
	イラク	[スダニ]首相／2022年就任／親イラン派政党の会派から選出
	シリア	[アサド]大統領（アラブ民族主義・バアス党）／2000年就任（4期目）
	トルコ	[エルドアン]大統領（中道右派・公正発展党）／2014年就任（3期目）

※カザフスタンは中央アジアに分類されることも多い。

欧州連合(EU)

EUの方向性

1993年のマーストリヒト条約発効によって成立。共通通貨[ユーロ]の導入、共通外交・安全保障政策などを進めるヨーロッパの政治・経済統合体。2009年に現在の基本条約である[リスボン条約]が発効

加盟国・加盟候補国

2020年に[イギリス]が離脱し、加盟国は27カ国。トルコ、北マケドニア、モンテネグロ、セルビア、アルバニアに続き、22年に[ウクライナ]、モルドバ、ボスニア・ヘルツェゴビナが加盟候補国になった

主要機関

- [欧州理事会]…政治指針を定める最高協議機関。常任議長は[ミシェル]氏
- [EU理事会]…EU加盟国の閣僚級で構成する決定機関。外務理事会、総務理事会などがある
- [欧州委員会]…政策・法案を提案、理事会決定の執行機関。委員長は[フォン・デア・ライエン]氏

ユーロ導入国	アイルランド、[イタリア]、エストニア、オーストリア、オランダ、キプロス、ギリシャ、[クロアチア](2023年より導入)、スペイン、スロバキア、スロベニア、[ドイツ]、フィンランド、フランス、ベルギー、[ポルトガル]、マルタ、ラトビア、リトアニア、ルクセンブルク
ユーロ未導入国	スウェーデン、チェコ、デンマーク、ハンガリー、ブルガリア、ポーランド、ルーマニア

さまざまな国際問題

□**アメリカと中国**●長引くロシア－ウクライナ戦争に加えイスラエルとハマスの衝突で中東にも危機を抱える状態となり、アメリカの指導力低下が顕著。一方、アメリカが唯一の競争相手と見なす中国は経済停滞が弱みとなりつつある。双方ともに決定力を欠くなか、2023年11月に[バイデン]大統領と[習近平《シージンピン》]国家主席が１年ぶりに会談。関係安定を志向した様子見がしばらく続く模様

□**日韓問題**●[慰安婦]問題は2015年の日韓合意により解決が約束されたが、韓国の前政権時に覆り履行が停滞。韓国国内の訴訟では日本政府に対する賠償命令も下された。戦時中に日本企業によって動員された[徴用工]問題をめぐっては、日本企業の韓国内資産に対する売却命令が続いた。22年に現政権となり、韓国政府は元[徴用工]問題について傘下の支援財団が韓国企業からの寄付を財源に賠償を肩代わりする解決策を発表。23年３月には[尹錫悦《ユンソンニョル》]大統領が訪日して日韓首脳会談も実現。ただ、日本企業に対する訴訟はなお70件ほど継続中で原告側勝訴の判決が多く出ている

□**核兵器をめぐる２つの条約**●[核兵器不拡散条約(NPT)]は、1968年に署名開放され70年に発効。日本は76年に批准している。2021年５月現在の締約国は191カ国・地域。この条約の下、核兵器国とされ核兵器の保有が認められているのはアメリカ・ロシア・イギリス・フランス・中国の５カ国。また、この条約の枠外で核兵器を保有しているのはインド・パキスタン・イスラエル・北朝鮮。一方、[核兵器禁止条約]は、2017年に採択・署名開放され21年に発効。2024年１月までに70カ国・地域が批准しているが、核保有国と核傘下にある日本や北大西洋条約機構（NATO）の加盟国は参加していない。ロシアのウクライナ侵攻や中東での武力衝突が続くなか、核は抑止力となり得るのか、緊張が高まっている

アジア・太平洋地域

香港情勢：中国への返還後、[一国二制度]として資本主義経済が認められてきたが、選挙制度の変更や言論の自由の制限など、政治における強権化が顕著

台湾情勢：2019年、中国・習近平国家主席が台湾を[武力統一]する可能性に言及。国民はこれに強く反発し、現状維持あるいは独立を望む世論が大勢を占めている

タイ情勢：旧与野党11党による連立枠組みの下、2023年8月の首班指名選挙で[セター]氏が首相に選任された

ミャンマー情勢：[アウンサンスーチー]氏ら民主派から政権を奪った国軍による統治が続いているが、2023年秋から複数の少数民族の武装勢力が攻勢を強めて戦闘状態が激化、避難民は、以前からの数字に加え全土で200万人を超える

アフガニスタン情勢：民主化を進めていたアメリカが2021年に撤退、イスラム主義組織[タリバン]の暫定政権に。23年10月、西部で地震発生、大きな被害が出た。年末には国連安保理がアフガニスタン政府の国際社会復帰を決議

北朝鮮情勢：[金正恩（キム・ジョンウン）]氏は2021年1月の朝鮮労働党大会で父・金正日氏が死去して以来の総書記に就任し、核戦力の強化を表明。12年から23年8月までに核実験を4回、弾道ミサイル等の発射を170発行っている

中東

イスラエル・パレスチナ情勢：2023年10月、イスラム組織ハマスが実効支配するパレスチナ自治区[ガザ]で、ハマスとイスラエル軍による衝突が起き、民間人を巻き込んでの戦闘に。4カ月で[ガザ]の住宅の7割が損壊、死者数は5カ月で3万人超。戦闘は長引き、関係国の介入でさらに複雑化、中東全域の危機へと。問題のそもそもの発端は、100年以上前の[英国]の外交にあるとされ、アラブ人に対してはアラブ独立と[パレスチナ]居住を、ユダヤ人に対しては[パレスチナ]への移住と建国への協力を約束していた

シリア情勢：[アサド]独裁政権と反政府勢力の対立が2011年から。前者にはロシアや[イラン]、後者には[トルコ]がついて戦線は膠着化。2023年10月に[トルコ]軍と米軍がそれぞれシリアで空爆作戦を実施するなど、他国の介入も錯綜

ロシア・東欧周辺

ウクライナ情勢：2022年2月、ロシアの[プーチン大統領]はウクライナの親ロシア勢力による自称共和国を承認。平和維持を名目に同国への侵攻を開始した。ウクライナは[ゼレンスキー大統領]の下で徹底抗戦。欧米各国は対ロシア経済制裁を発動、ウクライナへは武器供与を含む支援を展開。ロシアは秋に東部４州（ルガンスク・[ドネツク]・ザポロジエ・ヘルソン）の併合を宣言したが、ウクライナ軍は23年春までに奪われた領土の半分を奪還。一方、戦争の長期化で、ウクライナ支援を行ってきた欧米に顕著な[支援疲れ]がみえる。対してロシアは軍需生産を急拡大、24年に大攻勢をかける構え。そうしたなか、23年12月にはウクライナの[EU（欧州連合）]加盟交渉入りが決定

バルカン半島

コソボ情勢：[セルビア]共和国からの独立を求めるアルバニア系住民を欧米諸国が支持、2008年にコソボ共和国として独立を宣言。[セルビア]はこれを認めていない。23年５月にはコソボ警察部隊と[セルビア]系住民のデモ隊との衝突が起こるなど、緊張が続いている

アフリカ

スーダン情勢：2011年に南部10州が[南スーダン]として独立し、20年２月に暫定統一政府が発足。一方、北部の[スーダン]では、21年に軍のクーデターが発生、軍民共同の暫定政権は崩壊。主権評議会議長[ブルハン]氏が実権を握ったが、対抗する準軍事組織「即応支援部隊（RSF）」との内戦が常態化。難民キャンプでは４カ月間に1200人超の子どもが栄養失調などで死亡した（23年９月国連発表）

リビア情勢：2011年の内戦によってカダフィ政権が崩壊。制憲議会選挙に基づく議会が発足したが混乱が続き、14年には[代表議会]選挙が行われ国内に２つの政治勢力が並立。西部の[国家評議会]側・国民統一政府と東部の[代表議会]側・リビア国民軍の抗争は20年に停戦合意、21年に暫定国民統一政府が発足するも大統領選は実施されず、混迷が続く。23年９月、ハリケーンによる大洪水で4000人以上が死亡

日本・欧米の金融政策

[日本銀行]の金融政策

黒田東彦総裁のもと、2013年４月に[量的・質的金融緩和]を開始。16年２月より0.1%の[マイナス金利]導入、同年９月より[長短金利操作]を実施。22年は金融引き締めに転換した欧米との金利差から円安が進行。12月に長期金利の許容変動幅を上下[0.5]%程度に拡大して事実上の利上げを実施。23年４月より経済学者の[植田和男]氏が総裁に。長期金利の上限１%を超えることに容認の姿勢を示している。

[連邦準備制度理事会（FRB）]の金融政策

アメリカの中央銀行制度を統括。議長は[パウエル]氏。インフレ抑制のため、2022年３月にゼロ金利解除・量的金融緩和終了。以後2023年５月まで10回連続で利上げを実行したが、勢いは鈍化傾向

[欧州中央銀行（ECB）]の金融政策

ユーロ圏の中央銀行。総裁は[ラガルド]氏。2022年７月に量的金融緩和を終了し、利上げへと転じたが、2023年10月、11会合ぶりに見送り

経済のデジタル化

- □**中央銀行デジタル通貨**[CBDC]●暗号資産（仮想通貨）と異なり、各国・地域の中央銀行が発行するデジタル化された法定通貨。[バハマ]などで導入済み
- □**キャッシュレス決済**●ソフトバンク傘下のPayPayなど[QRコード]を使用したスマートフォンによる決済が普及。日本政府は、アプリのアカウントに給与を支払う[賃金のデジタル払い]を2023年４月に制度化。業者指定、労使協定などを経て運用開始

経済連携協定と経済圏構想

[TPP]協定(環太平洋パートナーシップ協定)

太平洋周辺の国々の協定で、シンガポール・ブルネイ・チリ・ニュージーランドによる経済連携協定から始まった。アメリカの離脱後、日本を含む残りの参加国が[CPTPP]として2018年３月に署名、12月に日本を含む６カ国について、2023年７月までに他の原署名国についても発効。同月、イギリスが新規加入

[RCEP]協定(地域的な包括的経済連携協定)

東南アジア諸国連合(ASEAN)の加盟10カ国と日本・[中国]・[韓国]・オーストラリア・ニュージーランドによる、世界の人口・国内総生産(GDP)・貿易総額の約３割を占める広域経済圏。2022年１月に発効

[一帯一路]

中国が掲げる現代版シルクロード経済圏構想。陸路の[シルクロード経済ベルト]と、海路の[21世紀海上シルクロード]で構成。中国から中央アジアとインド洋を経てヨーロッパをつなぐ物流ルートを設けて貿易活性化を図るため、沿線国のインフラ整備に取り組む。[東南アジア諸国連合(ASEAN)]各国との間では高速鉄道や高速道路を整備。南太平洋の国々では2022年４月に[ソロモン諸島]と安全保障協定を締結

[QUAD(クアッド)]

日本・アメリカ・[オーストラリア]・[インド]の４カ国が参加する安全保障と経済協力の枠組み。東シナ海や南シナ海への進出を進める中国に対して、「自由で開かれたインド太平洋」構想の実現を掲げる。[オーストラリア]は2021年、アメリカ・イギリスとの間で安全保障の枠組み[AUKUS《オーカス》]を発足し、原子力潜水艦の建造・配備を進める

インド太平洋経済枠組み[IPEF(アイペフ)]

2022年5月に[アメリカ]が主導して発足した経済圏構想。脱[中国]依存を掲げて、サプライチェーン(供給網)の強化、クリーンエネルギーへの移行、公正な経済などを柱にしている

TPP、RCEP、IPEFの加盟・参加国

さまざまな経済の話題

□[デジタル課税]●世界各国でビジネスを展開する巨大IT企業などに対する課税で、利潤の一部を各国の売上高に応じて配分する。法人税の最低税率を[15%]とするルールと合わせて138カ国・地域が合意。経済協力開発機構(OECD)では2023年末までの署名、2025年の発効をめざす

□[経済安全保障推進法]●経済や社会生活の安定を図るため、[重要物資]の確保や技術開発・技術流出防止などを定めた日本の法律。2022年8月より段階的に施行

□**国連気候変動枠組条約締約国会議**［UNFCCC-COP《コップ》］●地球温暖化対策を議論する国際会議

・2021年［COP26］…産業革命前と比べた気温上昇を［1.5］度に抑える、温室効果ガス排出削減対策が講じられていない［石炭火力］発電の「段階的削減」、非効率な［化石燃料］への補助金の「段階的廃止」で合意

・2022年［COP27］…気候変動の悪影響にともなう「損失と被害（ロス&ダメージ）」を受けた途上国を支援するための［基金］設立で合意

・2023年［COP28］…およそ10年間で［化石］燃料からの脱却を加速、［再生可能］エネルギーを30年までに現状の［３］倍に拡大する方向性を示した

日本国内の原子力発電所をめぐる状況

ロシアによるウクライナ侵攻を背景としたエネルギー調達リスクの拡大、電力の安定確保と気候変動対策・グリーントランスフォーメーション（p.13参照）の展開をめざし、日本政府は原子力発電所を最大限活用する方針へ転換。廃炉の決定した原発の敷地内での［次世代革新炉］への建て替え、原則40年・最長［60］年までの原発運転期間を延長する

□**再稼働した原発**●2023年10月現在、関西電力［高浜］原発１～４号機をはじめ12基が稼働中、東北電力［女川］原発２号機をはじめ４基が再稼働許可となっている。

□［ALPS《アルプス》処理水］**の放出**●原発事故による廃炉作業が進む福島第一原発では、核燃料の冷却や地下水の流入によって汚染水が生じる。浄化設備を経て［トリチウム］以外の放射性物質の濃度を下げ、大量の海水で薄めて［トリチウム］の濃度も基準未満としたうえで放出。2023年８月から開始された

□**持続可能な開発目標**[SDGs《エスディージーズ》]●「誰一人取り残さない」社会を実現するために2015年の国連サミットで採択。17の分野で目標を掲げ、30年までが対象期間
①貧困　②飢餓　③保健　④教育　⑤[ジェンダー]
⑥水・衛生　⑦[エネルギー]　⑧経済成長と雇用
⑨インフラ、産業化、イノベーション　⑩不平等
⑪持続可能な[都市]　⑫持続可能な消費と生産
⑬[気候変動]　⑭海洋資源　⑮陸上資源
⑯平和　⑰実施手段

日本国内の自然災害に関する状況

□**警戒レベル**●災害発生の危険度周知や、迅速な避難を促すために市町村が発令する防災情報
・レベル3：[高齢者]等避難
・レベル4：[避難指示]に該当し、全員が避難すべき状況
・レベル5：[緊急安全確保]に該当し、災害が発生または切迫した状況

□[線状降水帯]●次々と発生する[積乱雲]が50～300km程度の長さの帯状に連なり、ほぼ同じ場所で数時間にわたり大雨を降らせる現象

□**地震災害**●将来的に発生のおそれがある巨大地震について政府・自治体が防災対策を整備している
[南海トラフ地震]：静岡県駿河湾から宮崎県日向灘沖の海溝
[首都直下地震]：東京・神奈川・埼玉・千葉などの首都圏周辺
[日本海溝]・[千島海溝]沿いの巨大地震：青森県東方沖から千葉県房総沖にかけての[日本海溝]と、択捉島沖から十勝沖にかけての[千島海溝]

さまざまな社会問題

□[パワーハラスメント（パワハラ）]●職務上の[優越的]な関係を背景に、業務の適正な範囲を超えて、身体的・精神的な苦痛を与えたり、就業環境を害したりする行為。人間関係からの切り離し、過大・過小な要求なども含まれる。大企業だけでなく、2022年４月からは中小企業に対しても相談窓口設置などの[パワハラ]防止措置実施が義務づけられている

□[産後パパ育休]●2022年10月の改正育児・介護休業法施行により導入された、男性を対象とする育児休業制度。子どもの出生後[８]週間以内に、父親が[４]週間まで取得できる（２回に分割して取得が可能）。23年４月からは従業員数1001人以上の企業に、男性の育児休業等の取得率公表を義務づけ

□[こども家庭庁]**の創設**●2023年４月に内閣府外局として設置。子ども関連の多様な問題を厚生労働省と内閣府から引き継ぎ一元化。[児童]虐待の防止、貧困対策、ひとり親・ヤングケアラー・障害児支援、母子保健、少子化対策、児童手当に関する業務などに対応。関係省庁の政策が不十分な場合に改善を求める[勧告権]をもつ

□[同性婚]**をめぐる訴訟**●[同性]同士の結婚を認めていない民法などの現行制度は憲法に反するものとして、全国５つの地方裁判所に同種の訴訟が起こされていた。

・2021年３月札幌…[違憲]（第14条「法の下の平等」）
・22年６月大阪…合憲
・22年11月東京…[違憲状態]（第24条第２項「個人の尊厳と両性の平等に基づく法制定」）
・23年５月名古屋…[違憲]（第14条、第24条第２項）
・23年６月福岡…[違憲状態]（第24条第２項）

□**刑法の改正**●インターネットやSNS上での誹謗中傷対策として、刑法における[侮辱罪]を厳罰化する改正法が2022年７月に施行。法定刑に「拘留」と「科料」に加え

て「1年以下の懲役もしくは禁錮」と「30万円以下の罰金」が新たに含まれ、公訴時効も3年に延長。また、懲役刑と禁錮刑を一本化して、再犯防止を目的に受刑者に応じた刑務作業と指導を組み合わせる[拘禁刑]が25年をめどに創設される

□[民事裁判]**の手続きIT化**●2022年5月に改正[民事訴訟法]が成立。[訴状]のオンライン提出、[口頭]弁論における当事者のウェブ会議参加、裁判記録の電子化と裁判所外からの閲覧などが25年度までに段階的に導入

技術革新・宇宙開発の動向

□**自動運転**●改正道路交通法に基づき、自動運転の[レベル4]が2023年4月に解禁。限られた地域など特定の条件下で、緊急時も含めた全操作を自動運転システムが担う。走行場所を管轄する[都道府県公安委員会]に運行計画を提出する許可制。改正法では[電動キックボード]の規制も緩和され、最高時速20キロ以下の場合に運転免許が不要となった(16歳未満は運転禁止。23年7月より施行)

□[アルテミス計画]●アメリカの航空宇宙局(NASA)が主導する有人月面探査計画。2022年11月に最初のミッションとして、有人宇宙船[オリオン]を無人試験飛行させて月を周回。25年以降の宇宙飛行士による月面探査、28年の月周回宇宙ステーション[ゲートウェイ]完成が目標。日本も計画に参加し、20年代後半に日本人飛行士による月面探査、[ゲートウェイ]搭乗を予定

□[天宮]●[中国]独自の宇宙ステーション。2021年に建設が始まり22年11月に完成。習近平政権のめざす「宇宙強国」に向け、本格運用が始まっている

日本出身のノーベル賞受賞者と実績

物理学賞　［湯川秀樹］：1949年／中間子理論、朝永振一郎：1965年／くりこみ理論、江崎玲於奈：1973年／エサキダイオードの開発、［小柴昌俊］：2002年／素粒子ニュートリノの観測、南部陽一郎（米国籍）：2008年／対称性の自発的な破れ理論、小林誠・益川敏英：2008年／CP対称性の破れを説明、［赤﨑勇］［天野浩］［中村修二（米国籍）］：2014年／青色発光ダイオードの開発、［梶田隆章］：2015年／ニュートリノの質量を証明、［真鍋淑郎（米国籍）］：2021年／地球気候モデルの開発による地球温暖化予測

化学賞　福井謙一：1981年／フロンティア軌道理論、白川英樹：2000年／通電プラスチックの発見、野依良治：2001年／不斉合成、田中耕一：2002年／たんぱく質分析の新手法、［下村脩］：2008年／緑色蛍光たんぱく質の発見と開発、鈴木章・根岸英一：2010年／パラジウム触媒クロスカップリングの確立、［吉野彰］：2019年／リチウムイオン電池の開発

生理学・医学賞　利根川進：1987年／抗体遺伝子理論、［山中伸弥］：2012年／iPS細胞の作製、大村智：2015年／感染症の特効薬開発、［大隅良典］：2016年／オートファジーのしくみ解明、［本庶佑］：2018年／がん免疫療法の開発

文学賞　［川端康成］：1968年／『雪国』『伊豆の踊子』など、［大江健三郎］：1994年／『個人的な体験』『洪水はわが魂に及び』など、［カズオ・イシグロ（英国籍）］：2017年／『わたしを離さないで』など

平和賞　［佐藤栄作］：1974年／沖縄返還、非核三原則

日本の世界遺産と無形文化遺産

世界遺産の文化遺産（建造物・文化的景観など）

［法隆寺］地域の仏教建造物：1993年／奈良、［姫路城］：

1993年/兵庫、古都京都の文化財:1994年/京都・滋賀、白川郷・五箇山の合掌造り集落:1995年/岐阜・富山、[原爆ドーム]:1996年/広島、[厳島神社]:1996年/広島、古都奈良の文化財:1998年/奈良、日光の社寺:1999年/栃木、[琉球]王国のグスク及び関連遺産群:2000年/沖縄、紀伊山地の霊場と参詣道:2004年/三重・奈良・和歌山、石見銀山遺跡とその文化的景観:2007年/島根、平泉:2011年/岩手、[富士山]:2013年/山梨・静岡、[富岡]製糸場と絹産業遺産群:2014年/群馬、明治日本の産業革命遺産:2015年/岩手・静岡・山口・福岡・佐賀・長崎・熊本・鹿児島、ル・コルビュジエの建築作品:2016年/東京、「神宿る島」宗像・沖ノ島と関連遺産群:2017年/福岡、長崎と天草地方の[潜伏キリシタン]関連遺産:2018年/長崎・熊本、百舌鳥・古市古墳群:2019年/大阪、北海道・北東北の[縄文]遺跡群:2021年/北海道・青森・岩手・秋田

世界遺産の自然遺産(地形や地質、生態系など)

[屋久島]:1993年/鹿児島、[白神山地]:1993年/青森・秋田、[知床]:2005年/北海道、[小笠原諸島]:2011年/東京、[奄美大島]、徳之島、沖縄島北部及び[西表]島:2021年/鹿児島・沖縄

無形文化遺産(伝統芸能・工芸技術など)

「能楽」「歌舞伎」「和食」「和紙」などに続き、2022年に24都府県41件の民俗芸能[風《ふ》流《りゅう》踊《おどり》]が登録

代表的な国際映画祭と受賞者

□[アカデミー賞]●アメリカの映画芸術科学アカデミーが主催。通称・オスカー。2024年は宮崎駿監督の『君たちはどう生きるか』が長編アニメーション賞、山崎貴監督の『ゴジラ−1.0』が[視覚効果賞]を受賞

□[カンヌ]**国際映画祭**●例年5月開催。2018年に是枝裕和監督の「万引き家族」が最高賞のパルムドールを、

2023年に役所広司が「PERFECT DAYS」で最優秀男優賞を受賞

□[ヴェネチア]**国際映画祭**●世界最古の国際映画祭で1932年設立。例年初秋に開催。2023年に濱口竜介監督の「悪は存在しない」が[銀獅子賞](審査員大賞)を受賞

□[ベルリン]**国際映画祭**●例年２月中旬開催。2002年に宮崎駿監督の「千と千尋の神隠し」が金熊賞を受賞

日本国内の代表的な文学賞

□[芥川賞]●純文学作品が対象。第170回(2023年下半期)の受賞作は[九段理江]の『東京都同情塔』

□[直木賞]●大衆文学(エンターテインメント)作品が対象。第170回(2023年下半期)の受賞作は[河﨑秋子]の『ともぐい』と[万城目学]の『八月の御所グラウンド』

□[本屋大賞]●全国の書店員の投票によって決定。2023年は[凪良ゆう]の『汝、星のごとく』が受賞

将棋・囲碁のタイトル

□**将棋の八大タイトル**●[竜王]・[名人]・王位・[叡王]・王座・棋王・王将・棋聖

□**囲碁の七大タイトル**●棋聖・名人・[本因坊]・王座・[天元]・碁聖・[十段]

スポーツの組織と大会

オリンピックとパラリンピック

□**国際オリンピック委員会**●1894年創設、オリンピックの国際的統括組織。略称は[IOC]。現在の会長(第９代)はドイツ出身の[トーマス・バッハ]氏。日本オリンピック委員会の略称は[JOC]

□**夏季オリンピック**●第32回[東京]大会は2021年開催。24年の[パリ]大会で[ブレイキン(ブレイクダンス)]が

追加競技に採用。28年の[ロサンゼルス]大会でスケートボード、[スポーツクライミング]、サーフィンが正式競技化。32年は[ブリスベン]で開催

□**冬季オリンピック**●第24回[北京]大会は2022年開催。26年はイタリアの[ミラノ]と[コルティナダンペッツォ]で開催。30年と34年の開催地は2大会同時に決定される

□**[国際パラリンピック委員会(IPC)]**●1989年創設、パラスポーツ(障害者スポーツ)の国際的統括組織

競技別の国際大会

□**[ワールド・ベースボール・クラシック]**●野球の国・地域別対抗戦。略称は[WBC]。日本は2006年・09年の第1回・第2回で連覇、13年・17年の第3回・第4回はベスト4、23年の第5回では優勝を飾った

□**[FIFAワールドカップ]**●国際サッカー連盟[FIFA]主催で、4年に一度開催。男子の第22回カタール大会は2022年に実施、日本代表はベスト16。26年の第23回は[アメリカ][カナダ][メキシコ]で共催。女子の第9回大会は[オーストラリア][ニュージーランド]による共催で23年に実施、日本代表はベスト8。第10回は27年開催

□**ラグビーワールドカップ**●ワールドラグビー(WR)主催で、4年に一度開催。男子の第10回大会は2023年に[フランス]で実施、日本代表は予選リーグ敗退。第11回は27年[オーストラリア]で開催

□**テニスの世界四大大会**●[全豪]オープン(例年1月開催)、[全仏]オープン(5～6月開催)、[ウィンブルドン]選手権(6～7月にイギリスで開催)、[全米]オープン(8～9月開催)

□**ゴルフのメジャー大会**●男子の四大メジャー大会は[マスターズ・トーナメント]、全米プロゴルフ選手権、全米オープン、全英オープン。女子の五大メジャー大会はシェブロン選手権、全米女子オープン、全米女子プロゴルフ選手権、エビアン選手権、[全英女子オープン]

社会

大日本帝国憲法と日本国憲法

大日本帝国憲法	日本国憲法
[天皇]主権	[国民]主権
天皇＝国家元首	天皇＝国・国民の象徴
国民の権利を法律で制限できる	基本的人権の尊重により国民の権利が守られる
国民に納税と兵役の義務	国民に教育・勤労・納税の義務
帝国議会 衆議院←国民選挙 貴族院←天皇が任命	国会 衆議院←国民選挙 参議院←国民選挙

基本的人権

基本的人権の種類

[自由]権
身体の自由
精神の自由
経済の自由

[平等]権
法の下の平等
男女の平等

[社会]権
生存権
教育を受ける権利
勤労の権利
労働三権

基本的人権を守るための権利

[参政]権

請求権

新しい人権

[環境]権
環境基本法

[プライバシー]権
個人情報保護条例
個人情報保護法

[知る]権利
情報公開条例
情報公開法

□**日本国憲法の成立**●公布は1946年11月３日、施行は翌年の[5]月[3]日（←憲法記念日）

□**改正手続**●国会議員か憲法審査会が改正原案提出→衆議院・参議院両議院で総議員の[3]分の[2]以上の賛成→可決→国民に国会より憲法改正の発議→[国民投票]→過半数の承認→憲法改正→[天皇]が国民の名で公布

□**三大原則**●[国民主権]、基本的人権の尊重、平和主義

□[**国民主権**]●国民が政治権力の源であるとする思想

□**天皇の国事行為**●形式的・儀礼的な行為。内閣の[助言]と[承認]が必要。内閣総理大臣の任命、最高裁判所長官の任命、憲法改正・法律・条約などの公布、国会の召集、衆議院の解散、総選挙の施行の公示、栄典の授与、外交使節の接受など

□[**基本的人権**]●人間が生まれながらにしてもっている、人間らしく生きる権利。自由権・平等権・社会権。基本的人権を守るための権利に参政権と請求権がある

□[**自由権**]●国家から制約を受けずに自由に活動する権利で、身体の自由（奴隷的拘束および苦役からの自由）・精神の自由（思想および良心・信教・学問・表現・集会結社の自由）・経済の自由（居住移転・職業選択の自由・財産権の保障）がある

□[**平等権**]●法の下の平等・男女の平等などがある

□[**社会権**]●生存権（健康で文化的な最低限度の生活を営む権利）・教育を受ける権利・勤労の権利・労働三権（団結権・団体交渉権・団体行動権）がある

□**国民の権利と義務**●[普通教育]を受けさせる義務・勤労の義務・納税の義務

□**新しい人権**●[環境権]（環境基本法）、[プライバシー権]（個人情報保護法）、[知る権利]（情報公開法）がある

□**平和主義**●[前文]および第[9]条に規定。戦争、武力による威嚇と武力の行使の永久放棄、戦力の不保持および交戦権の否認

国会の仕事

国会	→国　民	[憲法改正]の発議
	→裁判所	[弾劾]裁判所
	→内　閣	予算の議決と決算の承認 条約の承認 内閣総理大臣の[指名] 内閣不信任決議

国会の構成

衆議院	参議院
[465]名	[248]名

両院協議会
各議院から[10]名ずつ

衆議院の優越

法律案の議決

衆議院で可決→参議院で否決あるいは60日以内に議決しなかった場合→両院協議会→意見不一致→衆議院で出席議員の３分の２以上の賛成で可決＝国会の議決

予算の議決・条約の承認

衆議院で可決→参議院で否決あるいは30日以内に議決しなかった場合→両院協議会→意見不一致→衆議院の議決＝国会の議決

[予算]の先議権

[予算]は必ず衆議院に先に提出する

内閣総理大臣の[指名]

参議院で衆議院と異なる議決→両院協議会→意見不一致→衆議院の議決＝国会の議決

[内閣不信任]決議

衆議院のみが行うことができる

□**国会**●[国権]の最高機関であり、唯一の立法機関

□**国会の機能**●法律の[制定]、条約の[承認]、内閣総理大臣の[指名]、憲法改正の発議、予算の議決と決算の承認、弾劾裁判所の設置

□[弾劾裁判所]●重大な罪科を犯した裁判官の罷免の訴追に対する裁定を下す

□**国会の種類**●通常国会、[臨時国会]、特別国会がある

□[通常国会]●次年度の予算の議決が主で年に１回、１月に召集、会期は150日

□[臨時国会]●臨時の議題について内閣が必要と認めたときや衆参いずれかの議院の総議員の４分の１以上の要求で召集される

□[特別国会]●内閣総理大臣の指名について、衆議院解散総選挙後、30日以内に召集される

□**法律制定の運び**●国会議員または内閣が法案提出→議長→委員会（→公聴会）→本会議→可決→もう一方の議院へ提出→議長→委員会（→公聴会）→本会議→可決→法律制定→[天皇]が公布

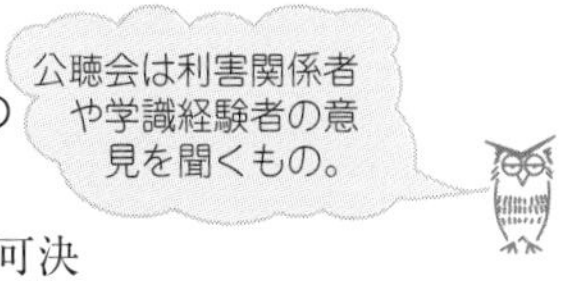

□[本会議]●総議員の３分の１以上の出席（定足数）で成立。出席議員の過半数で可決

□[委員会]●本会議での審議を円滑に行うために組織される。常任委員会と案件ごとの特別委員会がある

□[衆議院の優越]●法律案の議決、予算の議決、条約の承認、内閣総理大臣の指名など

□[両院協議会]●衆参両議院で意見が一致しない場合に妥協案作成のため両院各[10]名の委員を選出し組織する

□[内閣不信任決議]●国会に世論を反映させるため、衆議院のみに認められている権限。衆議院で内閣不信任決議案を可決し、10日以内に衆議院が解散されない場合、内閣は総辞職しなくてはならない

主な行政機構

- 内閣
  - 内閣官房
  - [デジタル庁]
  - 復興庁
  - [内閣府]
    - 宮内庁
    - 公正取引委員会
    - 国家公安委員会—警察庁
    - 個人情報保護委員会
    - カジノ管理委員会
    - 金融庁
    - 消費者庁
    - [こども家庭庁]
  - 総務省
    - 公害等調整委員会
    - 消防庁
  - 法務省
    - 公安審査委員会
    - [出入国在留管理庁]
    - 公安調査庁
  - 外務省
  - 財務省
    - 国税庁
  - 文部科学省
    - 文化庁
    - [スポーツ庁]
  - [厚生労働省]
    - 中央労働委員会
  - 農林水産省
    - 林野庁
    - 水産庁
  - 経済産業省
    - 資源エネルギー庁
    - 特許庁
    - 中小企業庁
  - [国土交通省]
    - 観光庁
    - 気象庁
    - 運輸安全委員会
    - 海上保安庁
  - 環境省
    - 原子力規制委員会
  - [防衛省]
    - [防衛]装備庁

□[内閣]●行政権を行使する最高機関。内閣総理大臣と国務大臣で構成される

□[内閣総理大臣]●文民であり国会議員であること

□[国務大臣]●内閣総理大臣が任意に任免できるが、文民であり過半数は国会議員でなければならない

□**内閣の機能**●法律の[執行]、国務の総理、条約の[締結]、予算の作成と国会への提出、政令の制定、恩赦の決定、天皇の国事行為に対する[助言]と[承認]、外交関係の処理、臨時国会や参議院の緊急集会の召集、最高裁判所長官の[指名]、裁判官の[任命]など

□**内閣総理大臣の権能**●国務大臣の[任命]、行政各部の監督と指導、議案の国会への提出、一般国務・外交関係の国会への報告、閣議の主宰

□[閣議]●内閣の正式な意思決定機関。内閣総理大臣と国務大臣で構成され、この構成員を閣僚という

□**連立内閣**●複数政党により構成される内閣。わが国では1993年８月に成立した細川護熙内閣（＝[55年体制]の崩壊）以降すべての内閣がこの形をとる

□[55年体制]●1955年に成立した自由民主党が与党として安定した地位を保ち、野党では日本社会党が一大勢力として安定していた二大政党体制。1993年まで続いた

□[議院内閣制]●内閣の存在には国会（特に衆議院）の信任が必須であり、また、内閣は国会に対して連帯して責任を負う。具体的には、内閣総理大臣が国会議員の中から国会に指名され、国務大臣の過半数は国会議員でなくてはならず、また、内閣は国民の審判が必要と判断したときには衆議院を解散できるなど

□[内閣の総辞職]●内閣不信任決議案可決後10日以内に内閣が衆議院を解散しないとき、総選挙後の国会召集時、内閣総理大臣が死亡・辞職などで欠けたとき

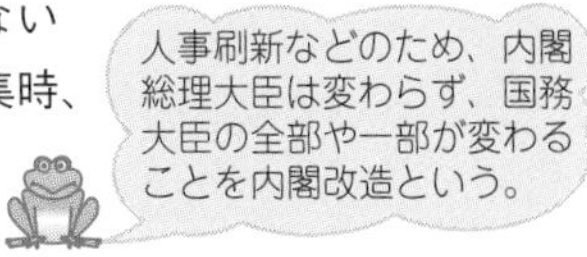

裁判所の種類

最高裁判所		終審裁判所。また、[違憲立法審査権]の終審裁判所＝憲法の番人
下級裁判所	高等裁判所	最上級の下級裁判所。控訴・上告審。内乱罪の第一審
	地方裁判所	他の下級裁判所で扱う以外の全訴訟・簡易裁判所の民事抗告審
	家庭裁判所	家庭事件や少年事件
	簡易裁判所	少額軽微な事件

裁判の種類

民事訴訟		刑事訴訟
[民事]裁判	[行政]裁判	刑事裁判
原告＝私人 被告＝私人	原告＝私人 被告＝国・地方公共団体	原告＝[検察官] 被告人＝被疑者

三審制のしくみ

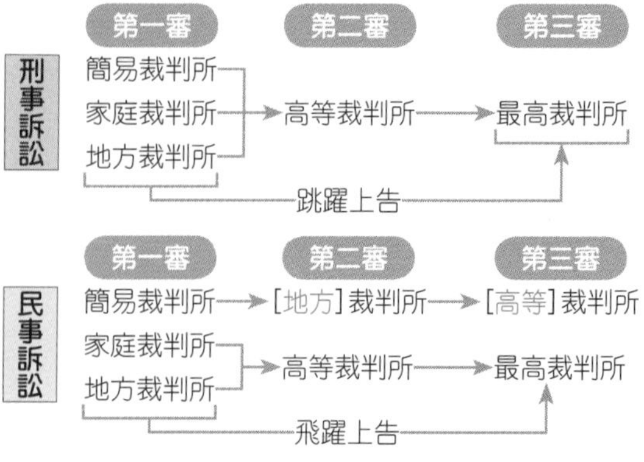

□[司法権]**の独立**●法律問題の判断は最終的には裁判所に帰属し、裁判官は独立して職務を行う。そのためには裁判官の独立と身分保障が確保されなくてはならない

□[裁判官]**の独立**●すべての裁判官は良心に従って独立してその職権を行い、憲法と法律にのみ拘束される

□**裁判官の身分保障**●[公の弾劾]によらなければ罷免されない（裁判によって心身の故障のために職務を執ることができないと決定された場合を除く）

□**裁判官の罷免**●裁判により心身に故障があり職務を執ることが不可能と決定された場合、[公の弾劾]、国民審査で罷免票多数の場合のみ

□[三審制]●わが国の裁判制度。第一審→判決に不服→上訴(控訴)→第二審（控訴審）→判決に不服→上訴（上告）→第三審（終審）

□[上訴]●判決に不服のとき上級の裁判所に訴えること

□**裁判所の種類**●[最高裁判所]と[下級裁判所]（高等裁判所、地方裁判所、家庭裁判所、簡易裁判所）からなる

□[最高裁判所]●最高裁判所長官と14名の裁判官で組織される終審裁判所。違憲立法審査の最終的な権限をもつことから「憲法の番人」といわれる

□[違憲立法審査権]●法律、政令、規則、処分などが憲法違反でないかどうか判断する権限

□**最高裁判所の機能**●終審裁判、規則制定権（訴訟に関する手続き、弁護士、裁判所の内部規律などを定める権能)、[司法行政権]（下級裁判所の監督など各種権限）

□[民事裁判]●私人間の事件・紛争を扱う

□[刑事裁判]●刑法などに違反する事件を扱う

□[裁判員制度]●2009年５月21日に開始されたわが国の裁判制度。刑事訴訟に限り、一般国民から抽選で選ばれた者が裁判官とともに審理と判決に携わる。[裁判]員には出頭義務と守秘義務が課せられる

直接請求権(地方自治)のしくみ

条例の制定・改廃

有権者の[50]分の１以上の署名を[首長]に提出→議会で審議し議決する

議会の解散

有権者の[３]分の１以上の署名※を[選挙管理委員会]に提出→住民投票→過半数の同意→解散

首長・議員のリコール(解職)

有権者の[３]分の１以上の署名※を[選挙管理委員会]に提出→住民投票→過半数の同意→リコール

副知事・副市町村長などのリコール(解職)

有権者の[３]分の１以上の署名※を[首長]に提出→議会の同意→リコール

事務の監査

有権者の[50]分の１以上の署名を[監査委員]に提出→監査結果公表

※有権者の数が40万人を超える場合は、必要な署名の数が異なる。

任期と被選挙権・選挙権

	任期	被選挙権	選挙権
衆議院議員	４年	25歳以上	[18]歳以上
参議院議員	[６]年	[30]歳以上	
市町村長	４年	25歳以上	
都道府県知事	[４]年	[30]歳以上	
地方議会議員	４年	25歳以上	

スポットライト

韓国では2021年末の公職選挙法改正により、国政選挙・地方選挙を問わず、被選挙権年齢が満[18]歳に引き下げられている。

□**国の政治**●[立法権]、[行政権]、[司法権]の三権分立

□**地方自治**●[議決]機関である地方議会（都道府県議会や市町村議会）と、その他[行政執行]機関からなる

□**地方自治執行機関**●[首長]（知事や市町村長）、[副知事]（知事の補佐）、[副市町村長]（市町村長の補佐）のもと、土木課などの執行機関、また、教育委員会などの行政委員会からなる

□**[直接請求権]**●住民が署名を集めて地方政治に直接参加できる権利。条例の制定・改廃、議会の解散、首長や議員、主要役職員の解職、事務の監査がある

□**選挙権**●日本国籍を有する[18]歳以上のすべての男女

□**選挙の原則**●[普通選挙]（18歳以上のすべての人に選挙権）、[平等選挙]（１人１票）、[秘密選挙]（投票者の氏名は秘密）、[直接選挙]（有権者が候補者に直接投票）

□**選挙制度**●衆議院→[小選挙区比例代表並立制]（小選挙区289名、比例代表176名）、参議院→148名は[選挙区制]・100名は[比例代表制]（原則は非拘束名簿式で、優先的に当選できる[特定枠]を導入可能）

□**[政党政治]**●政党を中心に運営される政治で、内閣を組織し政権を担当する政党を与党という

□**地方財政**●歳入は地方税、[地方交付税交付金]、国庫支出金、地方債、その他からなる

□**税**●国税・地方税とも直接税と間接税がある。国税の直接税は所得税、[法人税]、相続税、贈与税など。国税の間接税は消費税のほか、酒税、揮発油税や関税など。地方税の直接税は、[住民税]、固定資産税、事業税など。地方税の間接税はたばこ税、地方消費税など

□**社会保障制度**●[社会保険]、[社会福祉]（児童福祉・障害者福祉・高齢者福祉）、[公的扶助]、[公衆衛生]

□**社会保険**●[医療保険]（健康保険・国民健康保険・各種共済組合）、[年金保険]（国民年金・厚生年金）、[介護保険]、[労災保険]、[雇用保険]がある

国際連合(国連)の６主要機関

[総会]

・通常総会…９月に開かれる
・特別総会…安全保障理事会の要請や加盟国の過半数の要請などで開かれる
・緊急特別総会…安保理９カ国の要請などで開かれる

全加盟国の代表で構成。１国１票。過半数の多数決制。重要な問題に関しては３分の２以上の多数で票決

[安全保障理事会]

５常任理事国([中国][フランス][ロシア][イギリス][アメリカ])と10非常任理事国で構成。各理事国１票。９理事国の賛成で票決。５常任理事国には拒否権あり。非常任理事国は２年の任期で毎年半数を改選

[経済社会理事会]

54カ国で構成。理事国は総会で選出され、任期は３年

[信託統治理事会]

国際連盟のときの委任統治制度を継承した組織。1994年11月より活動停止

[国際司法裁判所]

本部はオランダ・ハーグにある

[事務局]

事務総長と約４万4000人の国際公務員で構成。事務総長の任期は５年(再任可)。安保理の勧告により総会が任命。国際平和と安全についての問題の安保理への注意喚起、国際紛争の調停を行う

スポットライト

2023年９月時点での国連加盟国数→193
最新加盟国→南スーダン（2011年７月加盟）
第９代国連事務総長→アントニオ・グテーレス、2017年～。ポルトガル出身。第８代は潘基文（パン・ギムン）

□[国際法]●不文法である国際慣習法と、成文法である条約とがある。国内法と異なり極めて限定的な権威と機能しか有さないが、秩序ある国際社会を形成していくために、国際連合やさまざまな国際機関が整備に努めて今日に至る

□[グロティウス]●国際法の父。オランダの法律学者・政治家。1625年『戦争と平和の法』を出版し、国際法に自然法の理論を導入した人物

□[国際連合（国連）]●1945年10月、国際連合憲章に基づき発足。本部はニューヨーク

□**国連の主な組織**●[総会]、安全保障理事会、経済社会理事会、信託統治理事会、国際司法裁判所、事務局の６つと各種専門機関・関連機関で構成される

□**安全保障理事会の非常任理事国**●アフリカ、アジア・太平洋、東欧、ラテンアメリカ・カリブ、西欧その他など地域別に内訳が決まっている。2024年の非常任理事国は、同年末までが[日本]・スイス・マルタ・エクアドル・モザンビーク。25年末までがアルジェリア・ガイアナ・韓国・シエラレオネ・スロベニア

□[国連軍]●国際平和、および安全の維持・回復のため安保理決議に基づいて派遣されるが、特別協定が締結されていないため実現していない

□[PKO]●国連平和維持活動。紛争の再発防止や正常化のための活動。軍事監視団、平和維持軍（PKF）など。当事国の合意のもと、安保理か総会が決定する

□**国連の重要機関**●UNESCO、UNCTAD、IMF、ILO、WHO、UNICEF、IBRD、IAEAなど

□**主な条約**●NPT、新START、CTBT、対人地雷全面禁止条約（オタワ条約）、パレスチナ暫定自治に関する原則宣言、国連気候変動枠組条約、ラムサール条約、世界遺産条約、クラスター弾に関する条約（オスロ条約）、核兵器禁止条約

国民総所得〜国民所得の概念

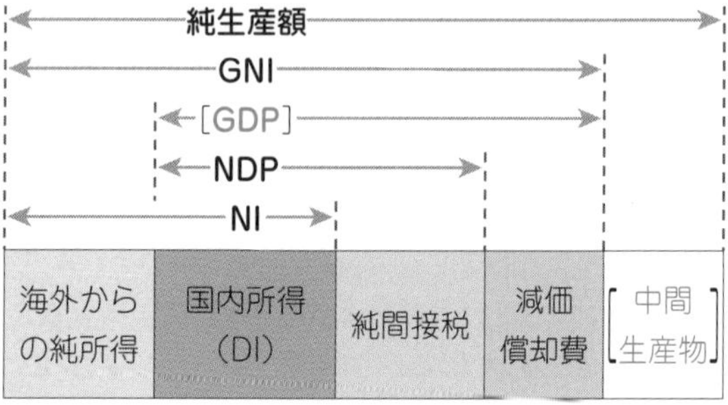

国民所得・三面等価の原則の概念図

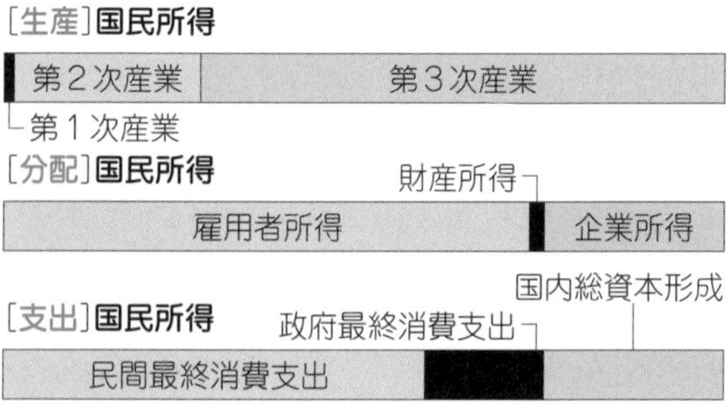

景気循環

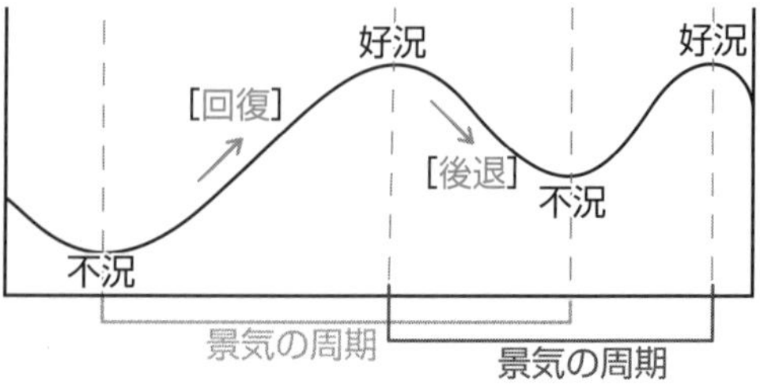

□**経済成長**●国民経済の規模が拡大すること。[国内総生産]の対前年伸び率で判定（＝経済成長率）

□**実質経済成長率と名目経済成長率の違い**●実質経済成長率は[基準年の物価]に換算したもの。換算しないでその年々の[時価]で計算したものが名目経済成長率

実質経済成長率＝（当年度の実質国内総生産－前年度の実質国内総生産）÷前年度の実質国内総生産×100

□[**経済成長要因**]●拡大再生産の継続、国内総支出における資本形成の増加、技術革新の成果を導入、労働力の質的向上、財政・金融政策における規制緩和、為替レートの安定または切り下げ、政治的安定と産業の平和維持

□[**景気循環**]●回復→好況→後退→不況の４局面を繰り返す

□**景気循環の波**●50～60年周期の長期波動（＝[コンドラチェフ]の波）、９～10年周期の中期波動（＝[ジュグラー]の波）、約40カ月周期の短期波動（＝[キチン]の波）

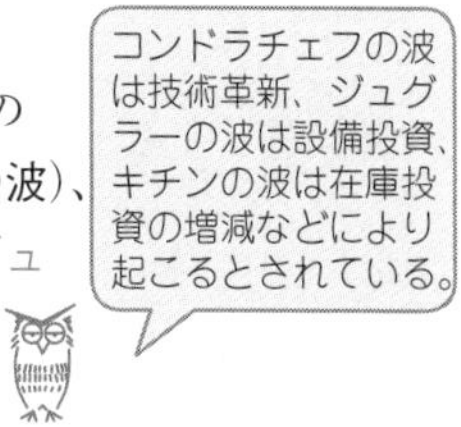

□[**国民総所得（GNI）**]●１年間に国民が生産した財・サービスの総額から重複計算を避けるため、原材料費や燃料費などの中間生産物を差し引いたもの

□[**国内総生産（GDP）**]●１国の領土内で１年間の最終生産物の価値の合計を貨幣表示したもの。国民総所得（GNI）から海外からの純所得を差し引いたもの

□[**国内純生産（NDP）**]●国内総生産（GDP）から減価償却費を差し引いたもの

□[**国民所得（NI）**]●国民総所得（GNI）から減価償却費と純間接税（生産・輸入品に課される税－補助金）を差し引いたもの

□**国民所得の三面等価の原則**●国民所得を[生産]・[分配]・[支出]のどの面からとらえても等しくなる

□[**国富（＝ストック）**]●同一時点で保有する富の合計

市場の概念図

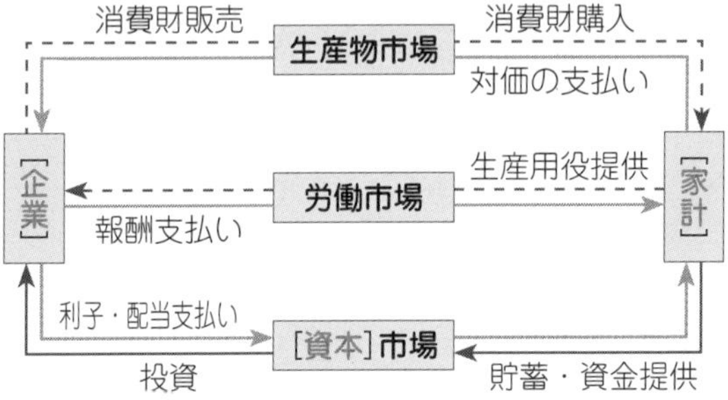

需要供給曲線

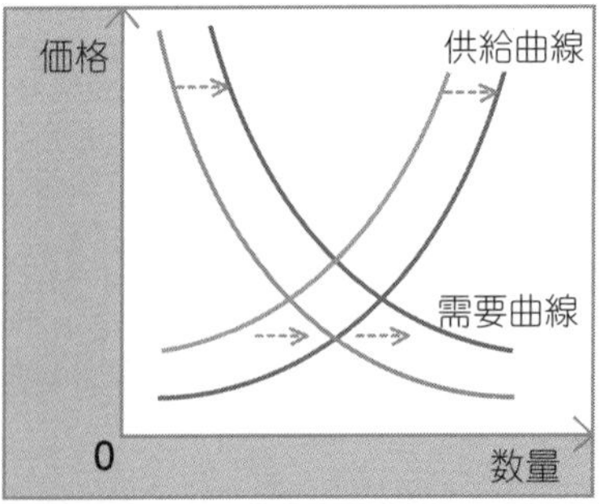

需要＜供給
→価格[低下]
需要＞供給
→価格[上昇]

独占の形態

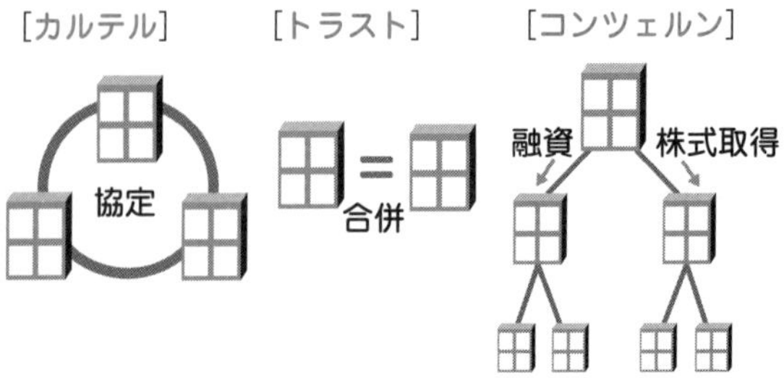

□**企業の種類**●[私]企業、[公]企業、[公私合同]企業

□**私企業の種類**●「会社法」に基づき[株式会社][合名会社][合資会社][合同会社]の４つ

□[**ベンチャー企業**]●ユニークな商品・サービスなどによって急成長する中・小規模の企業。革新的なビジネスモデルで短期間に急成長していく企業は[スタートアップ]ともよばれる

□[**多国籍企業**]●複数の国に、その国の現地法人を子会社や系列会社としてもつ企業

□[**M&A**]●他の企業を傘下におさめたり、買い取ったりすること

□[**TOB**]●株式公開買い付け。株式を大量に獲得するため、高値での買い付けを不特定多数の株主に向け公表すること。M&Aの際、多用される

□[**リストラクチャリング（リストラ）**]●人員整理、不採算部門の売却などを含む事業内容の再構築

□**企業のあり方**●社会貢献として[メセナ]（文化支援活動）や[フィランソロピー]（寄付活動）、社会的責任として環境保全、情報開示、企業行動の説明責任などがある

□[**市場経済**]●価格によって需要と供給の量が決まる取引の場が存在する経済

□**価格の自動調節作用**●[アダム・スミス]の「見えざる手」のこと。価格の自動調節作用が機能するには前提として完全自由競争市場でなくてはならない

□**価格の種類**●生産価格、市場価格、自由価格、独占価格、[寡占]価格、管理価格、統制価格がある

□[**市場の失敗**]●寡占市場における価格の下方硬直性や環境破壊などの外部不経済、公共財・公共サービスの不足により資源の最適配分が機能しなくなること

□**独占の形態**●[カルテル][トラスト][コンツェルン]

□[**非価格競争**]●寡占市場でみられる、品質・サービス・広告などの価格以外での商品の差別化競争

日本の財政

国税・地方税の内訳(2023年度予算)

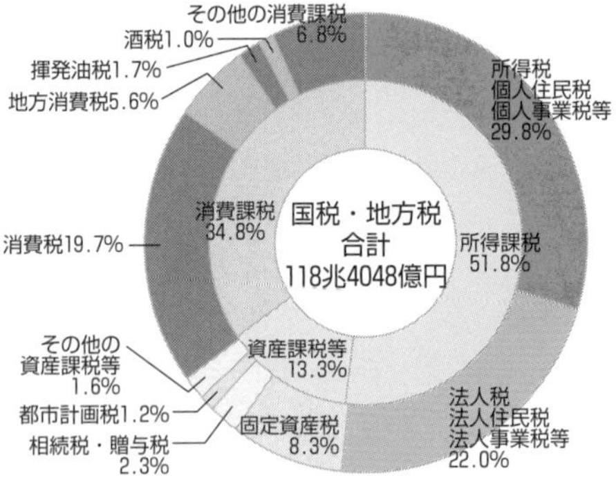

2024年度 一般会計歳入の主要科目

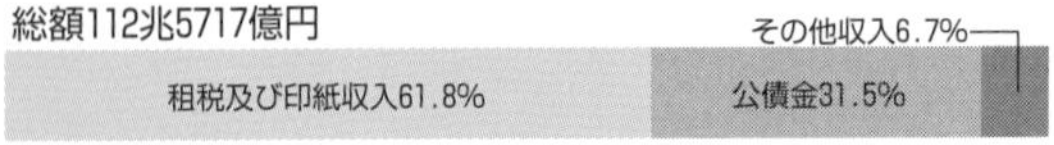

2024年度 一般会計歳出の主要科目

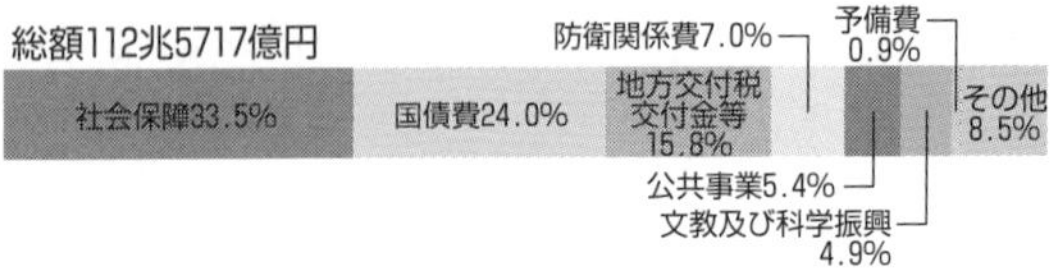

※数値は概数

□[インフレーション]●通貨膨張。通貨増加などによる物価の騰貴。年率5～10%で忍び寄るインフレ（クリーピング・インフレ）→年率数十%程度の駆け足インフレ（ギャロッピング・インフレ）→猛烈な勢いで進行するインフレ（ハイパー・インフレ）など

□[インフレ]**対策**●管理価格の監視強化、総需要抑制政策、独占禁止法活用、労働組合の賃金引き上げ抑制、生産・流通の合理化、為替レート切り上げ、関税撤廃など

□[デフレーション]●通貨縮小。物価が下落、企業の倒産や労働者の解雇などの問題が起きる

□[スタグフレーション]●不況だが物価が上がる。停滞（スタグネーション）とインフレの合成語

□[デフレスパイラル]●物価下落により企業倒産、労働者解雇が進み、消費需要が低迷、物価がさらに低下し不況が深刻化する状態

□[ビルト・イン・スタビライザー]●財政のしくみや働き自体にある、景気を安定させる機能

□[フィスカル・ポリシー]●財政収支による景気対策。不況期は減税し、公共事業拡大、公債発行などで総需要を拡大、好況期は増税や公共事業の縮小で総需要を抑制

□**金融政策**●不況時には基準割引率および基準貸付利率（旧称・公定歩合）の[引き下げ]（企業への貸出金利引き下げ）、公開市場操作は[買いオペ]（金融市場へ資金供給）、支払準備率の[引き下げ]（市中銀行の貸付額増）を行い景気を刺激。好況時にはこの逆をとり景気の過熱を抑制

□**金融緩和政策**●市中に出回る資金供給量を増加させる政策。政策金利を下げて資金供給量を増加させる[金利政策]と、民間銀行保有国債を中央銀行が買い取り資金供給量の絶対量を増加させる[量的金融緩和]がある

□[ポリシーミックス]●財政政策や金融政策など、複数の政策の一体的運用

□[国際分業]●垂直的分業と水平的分業とがある

□[国際収支]●1国における1年間の対外的な経済取引での収入と支出の総体。経常収支と資本収支がある

□[経常収支]●貿易収支とサービス収支、無償資金援助などの経常移転収支、給与や投資などの所得収支がある

□[外国為替]●貿易などの国際取引の決済手段「為替手形」のことで、外国通貨との交換により受け払いされる

□[為替レート]●為替相場。自国と他国の通貨交換比率

□[ブレトン・ウッズ体制]●国際通貨基金（IMF)、国際復興開発銀行（IBRD)、関税貿易一般協定（GATT）による国際経済体制。1944年、第二次世界大戦の要因であったブロック経済の弊害を反省し成立した体制

□[ニクソン・ショック]●1971年にドル防衛策としてアメリカの[ニクソン]大統領が発表した金ドル交換停止。ブレトン・ウッズ体制の事実上の崩壊を意味した

□[スミソニアン合意]●ニクソン・ショックを受け、同年、主要10カ国蔵相会議で固定相場制の維持のため、ドルの切り下げなどが行われたが効果がなかった

□[変動為替相場制]●1973年、固定相場制から、基軸通貨の需要と供給に基づき変動する変動相場制に移行

□[サミット]●1975年、世界経済の再建討議のため始まった首脳会議。1983年以降は政治問題に焦点が移り、先進国首脳会議から主要国首脳会議に名称も変更

□G7●サミット参加国の略称。[アメリカ]・[フランス]・[ドイツ]・[イギリス]・[日本]のG5に、1975年には[イタリア]、翌年には[カナダ]が加わりG7に。[ロシア]の参加により1998年からG8となったが、2014年のクリミア併合により[ロシア]の参加資格が停止された

□G20●G7の7カ国に加え、[中国]・韓国・オーストラリア・[インド]・インドネシア・サウジアラビア・トルコ・[ロシア]・メキシコ・アルゼンチン・[ブラジル]・南アフリカ・[欧州連合（EU)]が参加する国際会

議。1999年に[財務大臣・中央銀行総裁会議]が始まり、2008年から首脳会議（サミット）が開かれている。2024年の議長国は[ブラジル]

□[プラザ合意]●1985年に開催されたG5で合意されたドル売り協調介入。この結果、日本では急激な円高により円高不況が深刻化、未曾有の低金利政策が行われ、バブル景気が引き起こされた

□[ウルグアイ・ラウンド]●1986年、ウルグアイで開始宣言されたGATTの多角的貿易交渉。マラケシュ協定を採択、WTOの設立が盛り込まれた

□[WTO]●世界貿易機関（国連の関連機関）。[GATT]の機能を大幅に拡大・強化し、1995年に設立。知的所有権やサービスにも国際的なルールを設けるほか、アンチダンピングやセーフガードなどを認めている

□[ダンピング]●不当廉売。ある商品を国内より安い価格で輸出すること。輸入国側はその差額分だけ関税を引き上げるなど、アンチダンピングを行うことができる

□[セーフガード]●緊急輸入制限。ある品目の輸入が急増し国内産業に被害が生ずる場合、輸入国側が一定期間だけ関税の引き上げや輸入数量制限の措置をとること

□[FTA]●WTO加盟国増加に伴い多国間交渉が進まないなか、欧米や中国、日本などの大国が推進している関税撤廃が主目的の２国間や地域間の自由貿易協定

□[EPA]●貿易だけでなく、人の往来や投資など幅広い分野での協力により関係を強化する経済連携協定

□[OECD]●経済協力開発機構。世界経済全般について協議する機関で、貿易・資本の自由化や発展途上国援助、経済政策の調整などが目的。1961年発足時の20カ国に18カ国が加わり、現在38カ国が加盟

□[ODA]●政府開発援助。外国政府によって途上国や国際機関に対して供与される資金・技術提供などの協力。ODAの基本的考え方は[開発協力大綱]に定める

世界の陸地の４区分

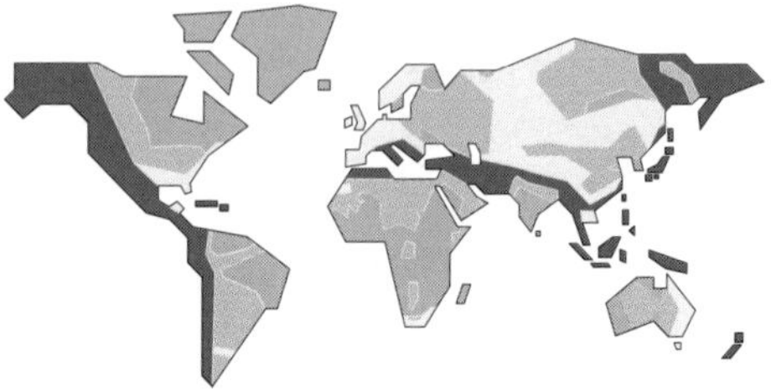

[新期造山帯]■ジュラ紀から第三紀の褶曲《しゅうきょく》運動で生じた起伏が大きい大山脈。銅、銀、すず、亜鉛、石油が採れる。アルプス・ヒマラヤ山系、環太平洋山系

[安定陸塊](卓状地)■先カンブリア時代の岩盤に古生代、中生代の堆積物がのり、ゆるやかに侵食され、構造平野を形成

[古期造山帯]□古生代の褶曲運動で生じた山地でなだらか。石炭が採れる。ウラル山脈、アパラチア山脈、スカンディナヴィア山脈、ドラケンスバーグ山脈

[安定陸塊](楯状地)■先カンブリア時代の造山運動で形成された山地が侵食されきった平原。鉄鉱、金鉱、レアメタルが採れる。ブラジル高原、デカン高原、ハマーズリー山脈、ラブラドル高原

地質時代(地球誕生～人類の歴史以前)

46億年前 ▼

先カンブリア時代

冥王代

始生代

原生代

5.4億年前 ▼

【古生代】

カンブリア紀

オルドビス紀

シルル紀

デボン紀

石炭紀

ペルム(二畳)紀

2.5億年前 ▼

【中生代】

三畳紀

【ジュラ】紀

白亜紀

6500万年前 ▼

【新生代】

古第三紀

新第三紀

第四紀

(更新世)

(完新世)

地形

平野の種類

[侵食平野]（広大）
- **準平原**…山地が侵食しつくされたもの
- **構造平野**…古生代、中生代に堆積した地層がゆるやかな侵食を受けてできたもの

[堆積平野]（狭小）
- **海岸平野**
- **洪積台地**…河岸段丘、海岸段丘など
- **沖積平野**…谷底平野、扇状地、氾濫原、三角州など

扇状地と三角州

[扇状地]…河川が山地から平野に出る所に形成。砂礫質。扇央は果樹園や畑、扇端は集落に利用

[三角州]…河口部に形成。泥質。水田に利用

海岸の地形

沈水海岸
- [リアス海岸]…侵食された山地が沈水してできた、出入りの複雑な海岸線を示す地形。三陸海岸など
- [フィヨルド]…U字形の氷食谷が沈水してできた細長い入り江。ノルウェーの海岸など

その他の地形

[砂《さ》嘴《し》]…沿岸流によって運ばれた砂礫が海岸や湖岸から嘴《くちばし》のように突き出た地形。三保の松原など

[砂州]…砂嘴が発達して対岸近くまで伸びたもの。天橋立など

[カルスト地形]…石灰岩が雨水に溶食されてできた地形。地表にはドリーネという窪地、地下には鍾乳洞が発達する

ケッペンの5つの気候帯

[熱帯]**(A気候)**…最寒月平均気温18℃以上。熱帯雨林気候とサバナ気候がある

[温帯]**(C気候)**…最寒月平均気温18℃未満－3℃以上、最暖月気温10℃以上。地中海性気候、温暖湿潤気候、温暖冬季少雨気候、西岸海洋性気候

[亜寒帯]**(D気候)**…最寒月平均気温－3℃未満、最暖月平均気温10℃以上。亜寒帯湿潤気候、亜寒帯冬季少雨気候

[乾燥帯]**(B気候)**…乾燥で樹林がない。砂漠気候、ステップ気候

[寒帯]**(E気候)**…低温で樹林がない。最暖月平均気温10℃未満。ツンドラ気候、氷雪気候

世界の気候区分(1)　樹林のない地域

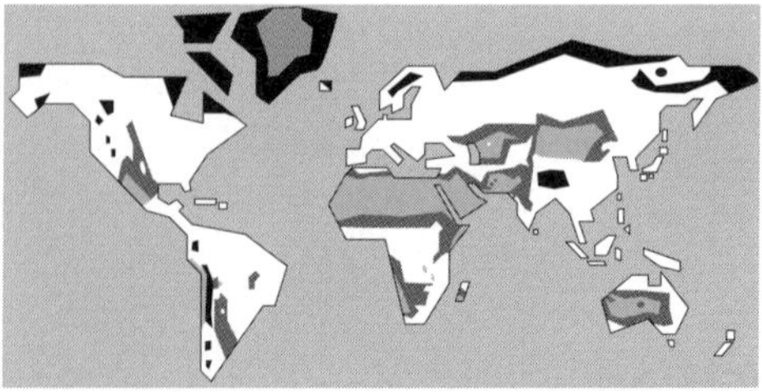

[砂漠]**気候(BW■)**…年降水量250mm以下。気温の日較差の大きい乾燥地帯

[ステップ]**気候(BS■)**…弱い雨季があり、丈の低い草原が広がる

[ツンドラ]**気候(ET■)**…タイガの北など。短い夏だけ永久凍土の表面が溶けて湿地に。コケ類が生息

[氷雪]**気候(EF■)**…南極とグリーンランドのみ。年間通じて氷雪に覆われ、0℃を超えることはない

世界の気候区分(2)　樹林のある地域

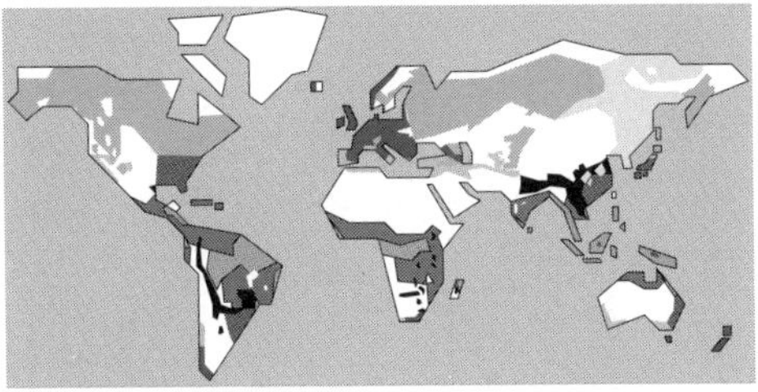

[熱帯雨林]**気候(Af・Am■)**…Afは年中高温多雨。乾季なし。午後にスコールが降る。Amは弱い乾季あり。アジアのモンスーン地帯など

[サバナ]**気候(Aw■)**…乾季と雨季がある。年中高温。丈高のイネ科植物が密生している。低木が点在

[地中海性]**気候(Cs■)**…夏乾燥、冬湿潤の地中海沿岸、中央アジア南部、北アメリカ太平洋岸、アフリカ最南端、オーストラリア南西部、チリ中部など。地中海沿岸に分布する土壌テラロッサは、石灰岩が風化してできた赤褐色で果樹栽培に向く

[温暖湿潤]**気候(Cfa■)**…モンスーン(季節風)の影響で四季の変化が明瞭

温暖冬季少雨気候(Cw■)…モンスーンの影響で夏季に湿潤、冬季に乾燥する。中国中南部など

[西岸海洋性]**気候(Cfb・Cfc■)**…偏西風と暖流の影響で夏涼しく冬温暖。年間を通じて適度な降水。西ヨーロッパに典型的

亜寒帯湿潤気候(Df■)…年間を通じて平均した降水量。冬季は積雪が長期にわたる

亜寒帯冬季少雨気候(Dw□)…気温の年較差が最低でも13℃以上あり、冬季は降水量極少。東シベリアや中国東北部のみ。タイガが広がる

世界の地勢

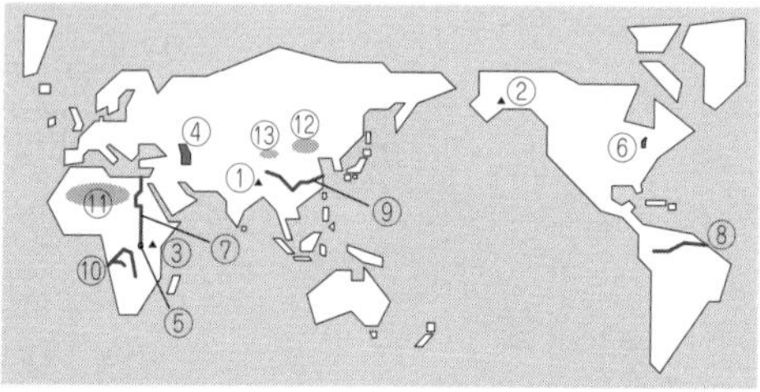

主な山の標高

①[エヴェレスト(チョモランマ)]…8848m

②[デナリ(マッキンリー)]…6190m

③[キリマンジャロ]…5895m

主な湖の面積

④[カスピ海]…37万4000km^2(領海設定上は海)

⑤[ヴィクトリア湖]…6万8800km^2

⑥[ミシガン湖]…5万8000km^2

河川の長さ

⑦[ナイル]…6695km

⑧[アマゾン]…6516km

⑨[長江]…6380km

河川の流域面積

⑧[アマゾン]…705万km^2

⑩[コンゴ]…370万km^2

⑦[ナイル]…334万9000km^2

主な砂漠の面積

⑪[サハラ]…907万km^2

⑫[ゴビ]…130万km^2

⑬[タクラマカン]…52万km^2

6大陸

ユーラシア、北アメリカ、南アメリカ、アフリカ、オーストラリア、南極

世界の人口(2022年)

世界の総人口

約[79]億7511万人

世界の人口の構成

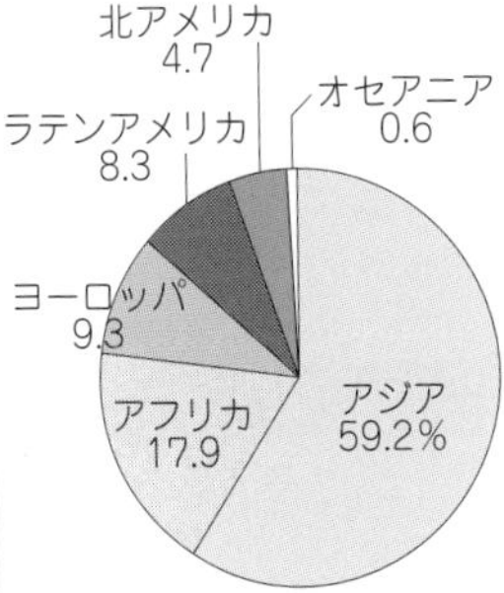

人口の多い国

[中国]	約14.3億人
[インド]	約14.2億人
[アメリカ合衆国]	約3.4億人
インドネシア	約2.8億人
パキスタン	約2.4億人
ナイジェリア	約2.2億人

人口の多い都市(郊外を含む)

[重慶]	約3209万人
上海	約2488万人
北京	約2189万人
メキシコシティ	約2181万人
ブエノスアイレス	約1557万人

※国連による推計では、2022年11月に世界の人口は[80]億人に到達。2023年には[インド]が[中国]を抜いて世界最多の人口になると見込まれている。

世界の主な宗教人口と分布地域

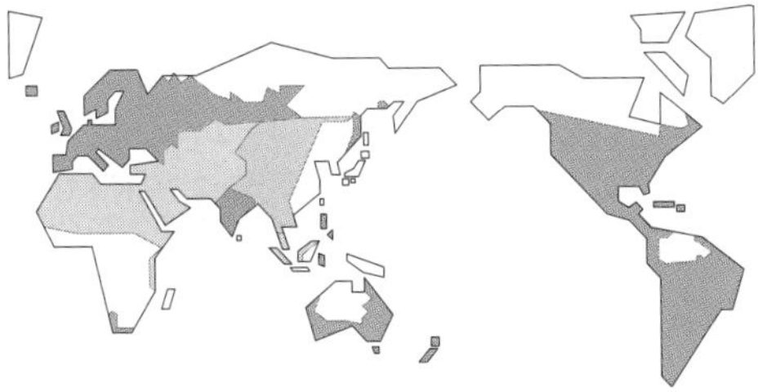

■[キリスト教]24.8億人　■[イスラム教]19.9億人
■[ヒンドゥー教]12.1億人　■[仏教]5.3億人

各種工業製品の主要生産国

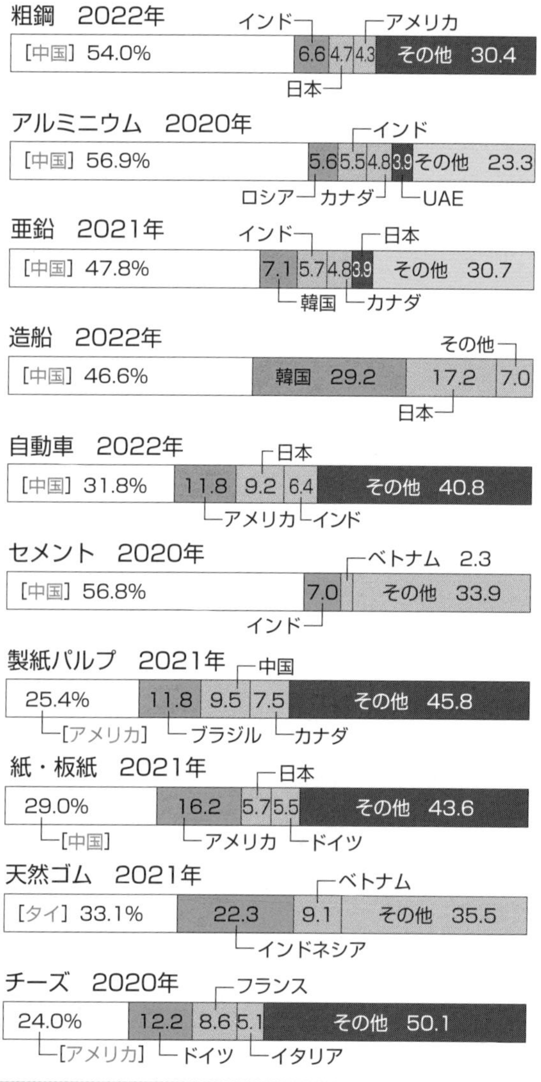

エネルギー資源の主要生産・埋蔵国

石炭 (生産2022年、埋蔵2020年末)

総生産量…88.03億トン

総埋蔵量…10741億トン

生産国…[中国](51.8%)、インド(10.3%)、インドネシア(7.8%)

埋蔵国…[アメリカ](23.2%)、ロシア(15.1%)、オーストラリア(14.0%)

原油 (生産2022年、埋蔵2020年末)

総生産量…[54.46]億キロリットル

総埋蔵量…2754億キロリットル

生産国…[アメリカ](18.9%)、[サウジアラビア](12.9%)、ロシア(11.9%)

埋蔵国…[ベネズエラ](17.5%)、サウジアラビア(17.2%)、カナダ(9.7%)

天然ガス (生産2022年、埋蔵2020年末)

総生産量…40438億立方メートル

総埋蔵量…188.1兆立方メートル

生産国…[アメリカ](24.2%)、[ロシア](15.3%)、イラン(6.4%)

埋蔵国…[ロシア](19.9%)、イラン(17.1%)、カタール(13.1%)

ウラン (生産2021年、埋蔵2021年1月1日)

総生産量…4.7472万トン

総埋蔵量…469万トン

生産国…[カザフスタン](46.0%)、ナミビア(12.1%)、[カナダ](9.9%)

埋蔵国…[オーストラリア](28.1%)、カナダ(13.8%)、カザフスタン(8.3%)

日本の地勢

日本の総人口(2024年1月1日人口推計の概算値)

[1億2409万]人

日本の国土面積

[37.8万]km²

主な山(標高)

富士山	[3776]m
[北岳(白根山)]	3193m
奥穂高岳	3190m
間ノ岳	3190m
槍ヶ岳	3180m
東岳(悪沢岳)	3141m
赤石岳	3121m

主な湖(面積)

[琵琶湖]	669.3km²
[霞ヶ浦]	168.2km²
サロマ湖	151.6km²
猪苗代湖	103.2km²
中海	85.7km²
屈斜路湖	79.5km²
宍道湖	79.3km²
支笏湖	78.5km²

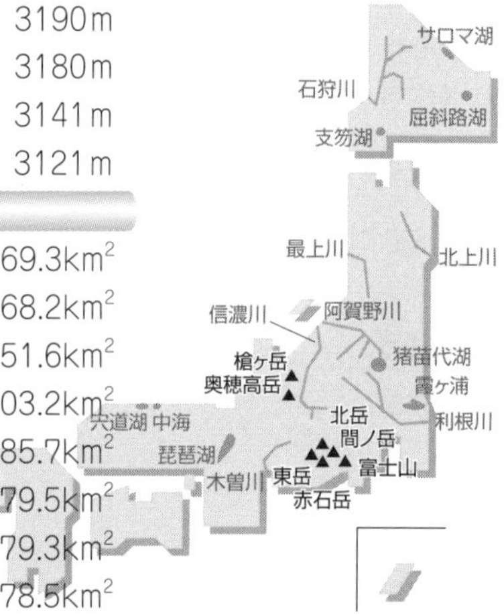

河川(長さ・流域面積)

[信濃]川	367km・11900km²
[利根]川	322km・16840km²
石狩川	268km・14330km²
北上川	249km・10150km²
最上川	229km・7040km²
木曽川	229km・9100km²
阿賀野川	210km・7710km²

日本の貿易

わが国の輸出入品目(2023年)

輸出

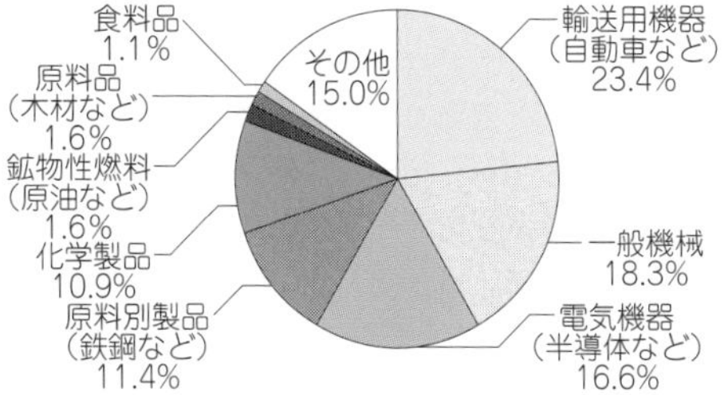

輸入

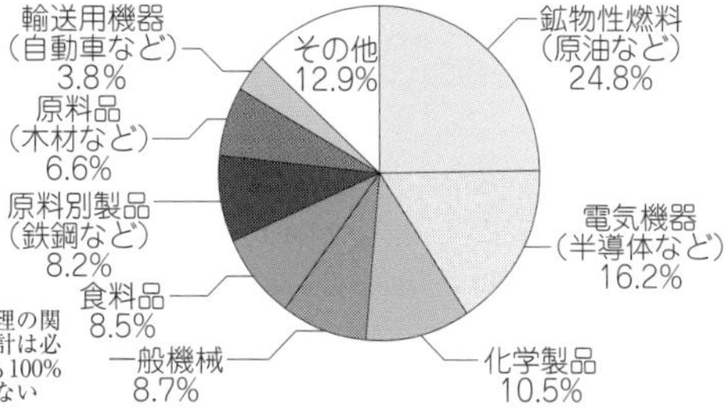

※端数処理の関係で合計は必ずしも100%にならない

わが国の主要貿易相手国(2023年)

輸出…[アメリカ](20.1%)、[中国](17.6%)

輸入…[中国](22.2%)、[アメリカ](10.5%)

主要輸入品輸入先

肉類(2021年)…アメリカ、タイ、オーストラリア

魚介類(2021年)…中国、チリ、ロシア

小麦(2021年)…アメリカ、カナダ、オーストラリア

とうもろこし(2021年)…アメリカ、ブラジル

大豆(2022年)…アメリカ、ブラジル、カナダ

木材(2021年)…カナダ、アメリカ、ロシア

鉄鉱石(2021年)…オーストラリア、ブラジル

石炭(2021年)…オーストラリア、インドネシア

原油(2021年)…サウジアラビア、アラブ首長国連邦

□**食料自給率**●カロリーベース総合食料自給率[38]%。米99%、小麦15%、豆類7%、野菜79%、果実39%、肉類53%、鶏卵97%、牛乳・乳製品62%(2022年度概算)

□[**食糧安全保障**]●食料自給率の低い国ほど輸入先の天候や政治戦略に多大な影響を受けるため、食料自給率の向上などによる食糧の安定的な確保は重要な課題

□[**ポストハーベスト農薬**]●収穫後の農薬。栽培中にまかれた農薬より食品へ残留しやすく問題となっている。日本国内では食品添加物として使用されており、輸入される農作物に腐敗防止のため使われていることがある

農産・畜産・水産物の生産(水揚)上位都道府県、港

米(2022年)…新潟、北海道、秋田、山形、宮城
小麦(2022年)…北海道、福岡、佐賀、愛知、三重
大豆(2022年)…北海道、宮城、秋田、滋賀、福岡
そば(2022年)…北海道、長野、茨城、栃木、山形
かんしょ(2022年)…鹿児島、茨城、千葉
りんご(2022年)…青森、長野、岩手、山形、福島
みかん(2022年)…和歌山、愛媛、静岡、熊本、長崎
ぶどう(2022年)…山梨、長野、岡山、山形、福岡
もも(2022年)…山梨、福島、長野、山形、和歌山
かき(2022年)…和歌山、奈良、福岡、岐阜、長野
たまねぎ(2022年)…北海道、兵庫、佐賀
レタス(2022年)…長野、茨城、群馬、長崎、静岡
ピーマン(2022年)…茨城、宮崎、高知、鹿児島
だいこん(2022年)…千葉、北海道、青森、鹿児島
にんじん(2022年)…北海道、千葉、徳島、青森
トマト(2022年)…熊本、北海道、愛知、茨城、栃木
豚の頭数(2022年)…鹿児島、宮崎、北海道、群馬
水揚量上位港(2022年)…銚子、釧路、焼津、境

□[**プランテーション農業**]●熱帯・亜熱帯地域で欧米人が現地の安い労働力を使って単一の商品作物（綿花・たばこ・ゴム・コーヒー豆・カカオ豆・紅茶・さとうきびなど）を栽培する大規模な商業的農園農業

□[**モノカルチャー経済**]●運送に便利なようにプランテーション農業では単一耕作が主流だったため、独立後も単一作物に依存していることで基盤の不安定な経済

□[**混合農業**]●穀物の耕作と牧畜とを組み合わせて行う農業形態。主に西ヨーロッパ、南米のパンパ、アメリカ合衆国のコーンベルトなど

□[**地中海式農業**]●地中海性気候（地中海式気候）の地域にみられる、冬作の穀物と夏の高温乾燥に耐えるオリーブ・ぶどうなどの果樹を栽培する農業

□[**酪農**]●牛・羊などを飼い、乳やその加工品（バター・チーズなど）を作る農業。北西ヨーロッパ、北米、オセアニアなど

□[**プレーリー**]●北米大陸中央に広がる温帯草原地帯。肥沃な黒色土が分布。小麦・とうもろこし・綿花・大豆・豚・牛などの農畜産物の大産地

□[**チェルノーゼム**]●石灰分に富んだ肥沃な黒色の土壌。半乾燥気候の草原、特にウクライナ地方に典型的に分布。小麦の生産地帯となっている

各種農産物の生産上位国

米(2021年)…中国、インド、バングラデシュ
小麦(2021年)…中国、インド、ロシア、アメリカ
大豆(2021年)…ブラジル、アメリカ、アルゼンチン
コーヒー豆(2021年)…ブラジル、ベトナム
カカオ豆(2021年)…コートジボワール、ガーナ
茶(2021年)…中国、インド、ケニア、トルコ
綿花(2020年)…インド、中国、アメリカ

古代

4〜5世紀	ヤマト政権の発展	ゲルマン民族大移動
6世紀	百済から[仏教]伝来	フランク王国成立
593年	厩戸王(聖徳太子)の政治	隋　中国統一
	[飛鳥]文化	ムハンマドによって
646年	大化の改新	イスラム教が興る
672年	壬申の乱	唐　中国統一
710年	平城京遷都	新羅　朝鮮半島統一
794年	平安京遷都	
	[国風]文化	
935年	平将門の乱	新羅滅亡　高麗興る
1016年	藤原道長摂政となる	唐滅亡　宋興る
1086年	[院政]開始	第1回十字軍

政治*Key Word*

[氏姓制度]…ヤマト政権の政治体制。大王が氏に姓を与える。大臣・大連＝有力な氏、国造＝地方豪族

[冠位十二階]…氏姓制度を否定。能力主義の人事

大化の改新…[律令]政治の確立

[荘園]**の形成**…公地公民制の崩壊を意味する

律令制の完成までの流れ

[646]年　改新の詔発布

- **公地公民制で豪族の所有地や人民を朝廷に返却**
- **地方行政組織の確立(国司・郡司)**
- **戸籍・計帳の作成と班田収授法の施行**
- **租・庸・調の統一的税制の実施　など**

[701]年　大宝律令制定＝律令制の完成

中央政治＝2官8省、地方政治＝国・郡・里制、大宰府の設置、良民(貴族と公民)と賤民の身分制　など

次の①～⑤の下線部が正しければ○、間違っていれば×をつけよう！

①日本初の仏教文化は飛鳥文化で、ギリシャ文化の影響もみられる。

②日本の律令制度の手本となったのは隋の均田制で、一定の年齢の男子に口分田を与え、租・庸・調の税を課した。

③壬申の乱は天皇の位をめぐる争いで、天武天皇(中大兄皇子)の死後、起こった。

④663年に朝鮮半島で起きた白村江の戦いで、日本は百済に援軍を送ったが新羅と唐の連合軍に敗れた。

⑤荘園のもととなったのは、723年の三世一身法→743年の墾田永年私財法による土地の私有制限である。

①□　②□　③□　④□　⑤□

答え→①…○、②…×隋→唐、③…×天武天皇→天智天皇、④…○、⑤…×土地の私有制限→土地の私有許可

□[遣唐使]●630～894年に派遣。日本からは阿倍仲麻呂ら、唐からは高僧鑑真来日。廃止は菅原道真の意見による

□[班田収授法]●6年ごとに戸籍作成。6歳以上の男子に2段、女子にはその3分の2の口分田を与え死後返却

□[租]●口分田の収穫の約3％の稲を納める

□[三世一身法]●開墾促進のため期限付きで土地の私有を許可

□[墾田永年私財法]●開墾地の永久所有許可

□[名田]●平安時代以降の荘園、公領における賦課単位の田地

□[荘園]●貴族や寺社の所有地

□[天台宗]●最澄が比叡山延暦寺を開き広めた

□[真言宗]●空海が高野山金剛峰寺を開き広めた

□[浄土信仰]●平安中期、不安定な社会背景から誕生

□[院政]●白河上皇が開始。以後、鳥羽、後白河と続く

中世

1156年	[保元]の乱	
1159年	[平治]の乱	
1167年	平清盛太政大臣となる	
1185年	平家壇ノ浦で滅びる	
1192年	源頼朝征夷大将軍となる	
1221年	[承久]の乱	
1274年	蒙古襲来([文永]の役)	フビライ=ハンの
1281年	蒙古襲来([弘安]の役)	統治
1333年	鎌倉幕府滅亡	ルネサンス
	建武の新政	
1336年	室町幕府成立	
1467年	応仁・文明の乱	東ローマ帝国滅亡

政治Key Word

封建制度の確立…鎌倉幕府の政治体制。地方に[守護・地頭]、中央に侍所・政所・問注所設置。御恩と奉公

執権政治…北条時政以降、北条氏が執権として政治の実権を握る。承久の乱鎮圧後、京都に[六波羅探題]を置き、幕府の支配力が西日本に及ぶ。1232年、北条泰時が御家人に対する法令[御成敗式目]を制定

建武の新政…[公家]中心の政治。蒙古襲来(元寇)後、御家人の不満が高まり幕府弱体化→後醍醐天皇は足利尊氏、新田義貞らの協力を得て鎌倉幕府を倒し天皇親政を再開。３年あまりで足利尊氏の離反により崩壊

南北朝の動乱…全国の武士による南朝(後醍醐天皇)方と北朝(足利尊氏)方との戦い。[1392]年まで続いた

応仁・文明の乱…約11年続いた内乱。細川勝元と山名持豊(宗全)の対立に将軍足利義政の跡継ぎ問題、斯波・畠山両管領家の相続争いが絡み、諸国の守護大名が細川方の[東]軍と山名方の[西]軍に分かれて戦った

次の①〜⑤の下線部が正しければ○、間違っていれば×をつけよう！

①平治の乱で勝利した源氏が実権を握り政権をとった。

②1221年、後鳥羽上皇が鎌倉幕府打倒の兵を挙げたが北条氏に鎮圧された。

③1404年、足利義満は明との間に正式の貿易「勘合貿易」を開始した。

④保元の乱は天皇方と上皇方の皇位継承問題の対立から、平治の乱は後白河上皇の近臣間の争いから生じた。

⑤チンギス=ハンは元の皇帝で２度にわたり日本を攻めた。

① □　② □　③ □　④ □　⑤ □

答え→①…×源氏→平氏、②…○、③…○、④…○、⑤…×チンギス=ハン→フビライ=ハン

□[日宋貿易]●中国の宋との貿易。平清盛が振興に尽力

□[禅宗]●鎌倉時代に発展した仏教。宋から伝わり、座禅による悟りに重きをおいた

□[座]●商工業者の同業組合

□[問丸]●鎌倉時代、遠隔地との商品取引の発達にともない、港町や河川沿いの要地で、年貢米などの商品の中継ぎや委託販売、運送を専門とした業者

□**鎌倉時代の農業**●牛馬の使用が普及。また、畿内や西日本で麦を裏作とする[二毛]作が普及

□[徳政令]●生活に困窮する御家人を救済するために出された借金帳消し令。御家人に金を貸す者がいなくなり、かえって御家人は窮地に陥った

□[管領]●室町幕府の将軍の補佐役(鎌倉時代の執権に相当)。細川・畠山・斯波３氏が交代でついた

□[正長]**の土一揆**●荘園領主などの支配に対し、農民が代官の罷免や租税の減免を要求

□[山城]**の国一揆・**[加賀]**の一向一揆**●守護大名を退陣させ、土豪や農民による自治的支配を獲得

近世

1543年	[鉄砲]の伝来	
1549年	[キリスト教]の伝来	
1560年	桶狭間の戦い	
1582年	本能寺の変	
1590年	豊臣秀吉の天下統一	英、スペインの無敵
	[桃山]文化	艦隊を破る
1600年	関ヶ原の戦い	
1603年	江戸幕府開幕	
1637年	島原・天草一揆	
	[元禄]文化	
	[化政]文化	アメリカ独立宣言
1837年	大塩平八郎の乱	フランス革命
1858年	安政の大獄	アヘン戦争
1867年	大政奉還	アメリカ南北戦争

政治*Key Word*

天下統一…織田信長が1573年に室町幕府を滅ぼしたが、1582年に本能寺の変で自害。豊臣秀吉が[1590]年に小田原の[北条]氏を倒し、天下統一を完成

[**幕藩体制**]…全国を幕府の領地と藩の領地に分けて支配する江戸幕府の政治体制

鎖国…1616年、ヨーロッパ船来航を平戸・長崎に限定→絵踏、島原・天草一揆、寺請制度など→1639年、ポルトガル船の来航を禁止→[1641]年、オランダ人を長崎の出島に移す＝鎖国完成

三大改革…８代将軍吉宗の[享保]の改革、田沼意次の後に老中となった松平定信の[寛政]の改革、大塩平八郎の乱の４年後に行われた老中水野忠邦の[天保]の改革

[**大政奉還**]…薩摩・長州藩に討幕命令が下された直後、15代将軍徳川慶喜が政権を朝廷に返上した

次の①～③の下線部が正しければ○、間違っていれば×をつけよう！

①勘合貿易は平戸・長崎を中心に行われたポルトガル・スペインとの貿易である。

②江戸時代、5戸ごとに組をつくり共同責任を負わせた制度のことを五人組という。

③朱印船貿易は豊臣秀吉が許可し、徳川家光の時代まで続いた。

①□　②□　③□

答え→①…×勘合貿易→南蛮貿易、②…○、③…○

□**徳川家光の政策**●参勤交代、鎖国完成、[慶安の御触書]（農民の衣食住制限）

□**徳川綱吉の政治**●生類憐みの令や[朱子]学の奨励

□[正徳]**の政治**●6～7代将軍に仕えた新井白石の儒学に基づいた文治政治。生類憐みの令の廃止、貨幣改鋳、長崎貿易の制限による金銀の海外流出防止など

□[享保]**の改革**●8代将軍吉宗が将軍専制体制をめざし、側用人廃止、相対済し令、足高の制、公事方御定書、目安箱など行政機構を整備。財政再建には質素倹約の徹底、上米の制、定免法、新田開発・殖産興業の奨励

□[寛政]**の改革**●11代将軍家斉のもと、松平定信があたった改革。享保の改革を模範とし、寛政異学の禁、人足寄せ場の設置、囲米の制、棄捐令などを断行

□[天保]**の改革**●老中水野忠邦の行った改革。株仲間の解散、人返しの法、上知令など

□[日米修好通商条約]●1858年締結。箱館・下田のほか、神奈川・長崎・新潟・兵庫の開港、江戸・大坂の開市、領事裁判権承認、協定関税など、治外法権を認め関税自主権が日本にない不平等条約

□[井伊直弼]●日米修好通商条約に勅許なしで調印し、反対派を安政の大獄で弾圧。桜田門外の変で暗殺される

近代

1868年	明治政府成立	
1871年	廃藩置県	
1889年	大日本帝国憲法発布	
1894年	[日清]戦争開始	甲午農民戦争
1904年	[日露]戦争開始	義和団事件
1910年	韓国併合	辛亥革命
1914年	第一次世界大戦開始	ロシア革命
1923年	関東大震災	世界恐慌と
1933年	国際連盟脱退	ニューディール政策
1937年	[日中]戦争開始	ナチス政権成立
1941年	太平洋戦争開始	
1945年	第二次世界大戦終結	

政治*Key Word*

明治新政府の政策…王政復古の大号令、[五箇条の御誓文]で新政府の方針発表。[版籍奉還]、廃藩置県により中央集権国家を建設。地租改正、徴兵令、殖産興業など

自由民権運動…薩摩・長州出身の[藩閥]政治に不満をもつ士族の反乱→西南戦争の敗北→反政府運動は言論によるものへ移行。板垣退助らの自由民権運動起こる

[大正デモクラシー]…大正期の護憲運動や民本主義による民主政治を求める動き

原敬…日本最初の本格的な[政党]内閣を実現

[五・一五]事件…海軍青年将校らが犬養毅首相暗殺(＝政党政治の終焉)

[二・二六]事件…陸軍青年将校らが首相官邸襲撃(議会の無力化＝軍国主義の幕開け)

□[板垣退助]●征韓論に敗れ政府を去ったあと、民撰議院設立の建白書を提出、自由民権運動の中心となる

□**征韓論**●[西郷隆盛]・板垣退助・江藤新平らによる、朝鮮の鎖国を武力で打破し国交を開こうという主張。大久保利通・木戸孝允らの反対で征韓派は一斉に下野

□[江華島]**事件**●1875年、朝鮮開国を狙い、日本が江華島に軍艦を接近させ挑発。発砲されたのを契機に砲台を占領、日朝修好条規を結ぶ

□**政党の結成**●1881年板垣退助らが[自由]党を結成。翌年、大隈重信らが[立憲改進]党を結成

□**治外法権の撤廃**●1894年、[陸奥宗光]がイギリスと条約を締結し、成功。1899年発効

□[日清]**戦争**●甲午農民戦争(東学党の乱)を契機に1894年、朝鮮をめぐり清と開戦。1895年、下関条約を締結するも、三国干渉を受け遼東半島を返還

□[日露]**戦争**●満州・朝鮮をめぐり開戦。それに先立つ1902年、ロシアの南下政策に対抗するためにイギリスと日本の間で日英同盟が結ばれる。アメリカの仲介でポーツマス条約締結、南樺太領有、韓国での優越権獲得

□**韓国併合**●1905年、抵抗運動を抑え韓国を日本の保護国としたあと、[1910]年に韓国を併合し植民地化

□**関税自主権の回復**●1911年、[小村寿太郎]がアメリカとの間で成功

□**第一次世界大戦参戦**●[日英]同盟を理由に中国での利権拡大を狙い参戦。連合国側に立つ

□**二十一箇条の要求**●1915年、大隈内閣が中国の袁世凱大総統につきつけた強制的な要求。[山東]省のドイツ権益継承、南満州・東部内蒙古の特殊権益認定、旅順・大連の租借期間を99カ年に延長など。5月9日を中国民衆は国恥記念日として反日運動を強めた

□**三・一独立運動**●[朝鮮]の日本からの独立示威運動

□**五・四運動**●[中国]の反日・反帝国主義運動

現代

1945年	GHQ設置	国際連合発足
1946年	[日本国憲法]の制定	
	特需景気(1950～55年)	[朝鮮戦争]
1951年	サンフランシスコ平和条約	
	高度経済成長(1955～73年)	
1956年	[日ソ]国交回復	
1960年	(新)日米安全保障条約	ベトナム戦争
1972年	沖縄返還	EC成立
	[日中]国交回復	
1973年	第一次石油危機	
1978年	日中平和友好条約	
	バブル経済(1986～91年)	EU発足

政治*Key Word*

[GHQ]…連合国軍最高司令官総司令部

日本国憲法…[国民主権]、[基本的人権の尊重]、[平和主義]

[サンフランシスコ平和条約]…日本と連合国間の講和条約。1952年に発効し、日本は独立を回復

[国民所得倍増計画]…1960年に閣議決定した長期経済政策

戦後民主化への歩み

1945年～　GHQによる戦後政策

憲法制定、象徴天皇制、五大改革指令などが行われた。

婦人参政権による女性の解放…[選挙法]改正(1945年)

労働組合の育成…労働基準法公布(1947年)

学校教育の民主化…[教育基本法]公布(1947年)

専制的諸制度の撤廃

経済の民主化…[財閥解体](1945年)、農地改革(1946年)

次の①～⑤の下線部が正しければ○、間違っていれば×をつけよう！

①1945年12月、選挙法が改正され、日本国籍を有する20歳以上のすべての男女に選挙権が与えられた。

②GHQが日本の防衛権を認めたことで警察隊が設けられ、保安隊を経て、のちの自衛隊となった。

③1956年、日ソ国交回復が実現したため、日本の国際連盟への加盟が認められた。

④１ドル＝360円と決められていた固定為替相場制は、1973年、流動為替相場制に移行した。

⑤日米間の貿易不均衡を是正するために1989～90年に行われた協議を日米構造協議という。

① □　② □　③ □　④ □　⑤ □

答え→①…○、②…×警察隊→警察予備隊、③…×国際連盟→国際連合、④…×流動為替相場制→変動為替相場制、⑤…○

□［冷戦］●第二次世界大戦後のアメリカを中心とする資本主義陣営と旧ソ連を中心とする社会主義陣営の対立。戦火を交えず経済・軍事両面で圧迫し合う攻防

□［北大西洋条約機構］●1949年設立。略称NATO。アメリカ中心。欧米12カ国参加で発足。その後2020年までにバルト三国や東欧諸国、北マケドニアなど、23年に［フィンランド］が加盟して、加盟国は31カ国。さらにスウェーデンが加盟手続き中で、［ウクライナ］の加盟も検討されている。

□**朝鮮戦争**●［特需景気］により日本経済の復興加速

□**サンフランシスコ平和条約**●1951年に［吉田茂］首相が連合国48カ国の代表と調印。翌年独立を回復

□［日米安全保障］**条約**●アメリカ軍の日本駐留、軍事基地の使用を認め、日米関係を強化

□**日ソ共同宣言**●日ソ国交回復。日本の［国際連合］加盟が認められる

文学　工芸・彫刻　建築　音楽　絵　その他

[飛鳥]文化　7c前半　飛鳥時代

特徴　中国の六朝文化やギリシャ・インドの影響もみられる。わが国の仏教芸術の始まり

- 法隆寺金堂・釈迦三尊像(止利仏師《とりぶっし》作か)
- [法隆寺](世界最古の木造建築、厩戸王〈聖徳太子〉建立)、飛鳥寺(蘇我馬子建立)
- [玉虫厨子《たまむしのずし》](仏像を収める容器。法隆寺に伝わる)・須《しゅ》弥座絵《みざえ》(玉虫厨子の扉絵)、天寿国繍帳《てんじゅこくしゅうちょう》、忍冬唐草文様《にんどうからくさもんよう》

[白鳳]文化　7c後半～8c初頭　白鳳時代

特徴　遣唐使によって唐の文化がもたらされる。創造力、生命力の充実した文化

- 薬師寺東塔《とうとう》
- 薬師寺金堂・薬師三尊像、興福寺仏頭
- 柿本人麻呂
- 法隆寺金堂壁画、高松塚古墳壁画

[天平]文化　8c　奈良時代

特徴　唐文化の影響や仏教的性格が顕著。律令政治を背景にした貴族文化。古典的様式の完成

- [正倉院《しょうそういん》](校倉造《あぜくらづくり》)、唐招提寺《とうしょうだいじ》金堂、東大寺法華堂《ほっけどう》
- 唐招提寺・鑑真和上像
- 『古事記』、『日本書紀』、『万葉集』
- 薬師寺吉祥天《きちじょうてん》画像

[国風]文化　9c末～11c末　平安時代

特徴　遣唐使の廃止によって日本独自の貴族文化誕生。仮名文学、寝殿造、大和絵、浄土教美術が隆盛

- [平等院鳳凰堂](浄土思想の完成、藤原頼通の別邸)、醍醐寺五重塔、寝殿造
- 平等院鳳凰堂・阿弥陀如来像(定朝《じょうちょう》)
- 『古今和歌集』、『土佐日記』(紀貫之)、『源氏物語』([紫式部])、『枕草子』([清少納言])
- 大和絵、絵巻物

和様書道（三蹟＝小野道風《おののとうふう》、藤原佐理《すけまさ》、藤原行成《ゆきなり》）

[鎌倉]文化　13c～14c前半　鎌倉時代

特徴　武家を中心とする文化。京都の公家文化に宋・元の文化が影響。創造的・個性的文化が生まれる

東大寺南大門（大仏様建築）、円覚寺舎利殿（禅宗様建築）

東大寺南大門・金剛力士像（[運慶]、快慶）、六波羅蜜寺・空也上人像

『新古今和歌集』（藤原定家ら）、『方丈記』（鴨長明）、『平家物語』

北野天神縁起絵巻

[北山]文化　14c後半～15c前半　室町時代初期

特徴　禅宗を背景とした武家文化と公家文化が融合。足利義満の時代に開花。水墨画、能など

[鹿苑寺金閣]（[足利義満]建立）

五山文学

能（観阿弥・世阿弥）

[東山]文化　15c後半　室町時代中期

特徴　武家文化と公家文化の融合に加え、文化の地方への普及。侘び、寂びという新しい美意識。足利義政の時代

[慈照寺銀閣]（[足利義政]建立）、書院造、枯山水《かれさんすい》庭園

連歌

水墨画（雪舟）、水墨画に大和絵の手法採用（狩野派）

茶道（侘び茶の創始）、華道、能

[桃山]文化　16c後半　安土・桃山時代

特徴　南蛮文化の影響が加わった自由清新な文化。新興の権力者や豪商が担い手。現実色が強く、豪放、絢爛

大坂城、伏見城、姫路城などの城郭建築、西本願寺書院、大徳寺唐門《からもん》、西本願寺飛雲閣《ひうんかく》

障壁画《しょうへきが》、唐獅子図《からじしず》屏風（狩野永徳《えいとく》）、松林図（長谷川等伯《とうはく》）

茶の湯（[千利休]）、浄瑠璃、阿国《おくに》歌舞伎

蒔絵、朝鮮陶工による陶磁器発達（有田焼、薩摩焼、萩焼）、楽《らく》焼、織部焼、志野焼

[元禄]文化　17c後半～18c初頭　江戸時代

特徴　上方の富裕な町人を中心とした、現実主義的で儒教的道徳に束縛されない自由な文化

俳諧([松尾芭蕉])、仮名草子(浅井了意)→浮世草子(井原西鶴)、浄瑠璃([近松門左衛門])

紅白梅図屏風(尾形光琳)、見返美人図(菱川師宣《ひしかわもろのぶ》)、美人画(鳥居清信)

人形浄瑠璃(竹本義太夫《ぎだゆう》)、歌舞伎(坂田藤十郎《とうじゅうろう》、芳沢《よしざわ》あやめ、市川団十郎)

陶芸(野々村仁清《にんせい》、酒井田柿右衛門、尾形乾山《けんざん》)、友禅染(宮崎友禅)

[化政]文化　19c初頭　江戸時代

特徴　江戸の町人を中心とした文化。利那的、退廃的な色合いが強い。粋、通が尊ばれた

錦絵(鈴木春信)、富嶽三十六景([葛飾北斎])、東海道五十三次([歌川広重])、役者絵・相撲絵(東洲斎写楽)、日本文人画(池大雅、与謝蕪村、渡辺崋山)、写生画(円山応挙)、洋画(平賀源内、司馬江漢)

俳諧(与謝蕪村、小林一茶)、狂歌(大田南畝《なんぽ》)、黄表紙、洒落本、滑稽本(十返舎一九)、読本(曲亭馬琴、上田秋成)、歌舞伎脚本作家(鶴屋南北《なんぼく》)

文明開化　1870年頃　明治時代

特徴　欧米の風俗、習慣、技術などを積極的に取り入れる

[コンドル](建築学指導、鹿鳴館、ニコライ堂)、[クラーク](札幌農学校)、[キヨソネ](大蔵省紙幣寮にて印刷技術指導)

福沢諭吉(啓蒙思想家)、田口卯吉(経済学者、史学者)

横浜毎日新聞(日本最初の日刊新聞)

太陽暦採用

近代　1870年頃～　明治・大正・昭和時代

特徴　自由な人間の実相をめざす近代的自我の芽生え。文化の大衆化が進む

[辰野金吾《たつのきんご》](東京駅、日本銀行本店)、片山東熊《とうくま》(赤坂離宮)

[高村光雲](老猿、西郷隆盛銅像)、荻原守衛《おぎわらもりえ》(文覚、坑夫)、朝倉文夫(墓守)

坪内逍遙、二葉亭四迷、森鷗外、夏目漱石、幸田露伴、樋口一葉、尾崎紅葉、島崎藤村、与謝野晶子、北原白秋、永井荷風、石川啄木、芥川龍之介、川端康成、太宰治

東京美術学校、日本美術院、白馬会、明治美術会、フェノロサ、[岡倉天心](東京美術学校創設)、狩野芳崖《ほうがい》(悲《ひ》母《ぼ》観音像)、橋本雅邦《がほう》(竜虎図)、横山大観、菱田春草《しゅんそう》、浅井忠、高橋由一《ゆいち》、黒田清輝、青木繁

東京音楽学校、伊沢修二《いさわしゅうじ》、滝廉太郎(荒城の月)、山田耕筰

川上音二郎(新派劇)、島村抱月《ほうげつ》、小山内薫《おさないかおる》(築地小劇場)

ラジオ放送の開始、円本《えんぽん》

戦後　　1945年～　昭和時代

特徴　第二次世界大戦終結以降の文化。戦争の影響を受けたものが多く、人間の存在意義を問う実存主義的傾向が強い

埴谷雄高《はにやゆたか》、野間宏、大岡昇平

現代　　1950年頃～　昭和・平成・令和時代

特徴　従来の枠組みではとらえることのできない不定型で曖昧な現実を反映

丹下健三、磯崎新《あらた》、安藤忠雄、伊東豊雄《とよお》、隈研吾《くまけんご》、妹《せ》島和世《じまかずよ》

三島由紀夫、大江健三郎、遠藤周作、開高健、安部公房、村上龍、村上春樹、吉本ばなな、柳美里《ゆうみり》

岡本太郎、横尾忠則、村上隆《たかし》、草間彌生《やよい》、奈良美智

美空ひばり、昭和歌謡、CD、インディーズ、音楽配信

テレビ放送、日本映画(黒澤明、宮崎駿)、マンガ・アニメ、インターネット発のヒット作品、YouTube等動画投稿・共有サービス、スマートフォン、ソーシャルメディア、VR(仮想現実)、AI（人工知能)、メタバース

近代ヨーロッパ

1558年	イギリスでエリザベス1世即位
1618年～	三十年戦争
1642年～	イギリスで[清教徒]革命
1688年	イギリスで[名誉]革命
1775年～	アメリカ独立戦争
1789年	[フランス革命]
1796年～	ナポレオン戦争
1840年～	[アヘン]戦争
1857～59年	インド大反乱(セポイの反乱)
1870年	普仏戦争
1871年	ドイツ帝国成立

政治Key Word

[**絶対王政**]…イギリスのエリザベス1世やフランスのルイ14世にみられる、国王による強力な専制政治

[**市民革命**]…自由と平等をめざし市民階級中心に絶対王政を倒した革命

『**市民政府二論**』…ジョン・ロック著。名誉革命を正当化

[**権利章典**]…1689年発布。国民の自由と権利の保障、議会の権利確立

[**アメリカ独立宣言**]…1776年発表。ロックの影響あり。人間の平等、自由・幸福追求、圧政への抵抗権を宣言

[**人権宣言**]…1789年、フランス革命勃発後国民議会が自由・平等・国民主権を宣言

[**ナポレオン・ボナパルト**]…1804年、フランス皇帝となる。ロシア遠征に失敗して失脚

[**産業革命**]…手工業から工場制機械工業に移行。工業都市が発達し、資本家と労働者を中心とする資本主義社会が生まれる

[**社会主義思想**]…資本主義を批判。マルクスらが説いた

20世紀世界史

1914～18年	[第一次世界大戦]
1917年	ロシア革命
1919年	ヴェルサイユ条約 ガンディーによる非暴力・不服従の反英運動(～1922年。第二次は1930～34年)
1920年	[国際連盟]発足
1922年	イタリア、ファシスト政権成立 ソビエト社会主義共和国連邦成立
1929年	[世界恐慌]
1933年	ドイツ、ナチス政権成立
1939～45年	[第二次世界大戦]
1945年	ヤルタ会談～ドイツ降伏～ポツダム宣言発表～ソ連、日本に宣戦布告～第二次世界大戦終結～[国際連合]発足
1947年	インド独立
1949年	中華人民共和国成立
1950～53年	朝鮮戦争
1960～75年	[ベトナム戦争]
1962年	[キューバ危機]
1967年	[欧州共同体(EC)]成立
1968年	核兵器不拡散条約(NPT)採択
1980～88年	イラン・イラク戦争
1986年	チェルノブイリ原発事故
1989年	米ソ、冷戦終結宣言([マルタ]会談)
1990年	[東西ドイツ統一]
1991年	ソ連崩壊
1993年	[欧州連合(EU)]発足
1997年	イギリスから中国へ[香港]返還

古代文明　紀元前4000年～紀元前2500年　古代の世界

[中国]文明　紀元前4000年頃　黄河流域など

[甲骨]文字、青銅器、彩陶・黒陶、殷王朝、シルクロード、紙の発明

メソポタミア文明　紀元前3000年頃　[チグリス・ユーフラテス]川流域

シュメール人の都市国家、[太陰]暦、[くさび形]文字、ハンムラビ法典、七曜制、六十進法

エジプト文明　紀元前3000年頃　[ナイル]川流域

都＝メンフィスなど、太陽神ラーを崇拝、太陽暦、絵文字([象形]文字)、ピラミッド、霊魂不滅、「死者の書」

[インダス]文明　紀元前2500年頃　[インダス]川流域

古代都市(モヘンジョ＝ダロ、ハラッパー)、排水設備の整備された道路、公衆浴場、青銅器、インダス文字([象形]文字)

ギリシャ・ローマ文化 紀元前８c～紀元５c　古代ヨーロッパ

ギリシャ文化

特徴　合理的で人間らしい文化

[ポリス](都市国家)、アテネ、スパルタ、直接民主制、自然科学、哲学の発達(ソクラテス、プラトン、アリストテレス)、パルテノン神殿、オリンピアの競技会、ミロのヴィーナス、神話

ローマ文化

特徴　ギリシャ文化を受け継いだ実用的文化

ローマ字、ローマ法、法律、[コロセウム](円形闘技場)

イラン文明　紀元前８c～紀元７c　西アジア

特徴　イラン高原を中心に栄える

[アケメネス]朝、ササン朝の工芸・美術

ヘレニズム文化 紀元前４c～紀元前１c　古代西アジア

特徴　アレクサンドロスの東方遠征により、[ギリシャ]文化と[オリエント]文明が融合

東南アジアの文明　1c〜　東南アジア

特徴　大陸部と諸島部に分けられる。大陸部はインドシナ半島のメコン川流域を中心に栄える

[アンコール]王朝(アンコール＝ワット、アンコール＝トム)、[シャイレーンドラ]朝(ボロブドゥール)

マヤ・アステカ文明　3〜16c　中米

マヤ文明(3〜14c　[ユカタン]半島)

アステカ文明(14〜16c　メキシコ高原)

ピラミッド型の神殿

唐の文化　7〜10c　古代中国

特徴　[長安]を中心とする国際文化。中国の伝統文化にインド、ペルシアの西方の文化が融合

中央集権国家(律令の制定、均田制、租・調・庸の税制、府兵制)、李白、杜甫などの詩人、[長安](碁盤目状の区画の計画都市)

イスラム文化　7〜18c　古代西アジア

特徴　アジア、アフリカ、ヨーロッパにまたがる大帝国に興る。オリエント、ギリシャなどの文化を受け継いだ国際文化

数学、化学、医学、天文学の発達、聖地は[メッカ]

[インカ]文明　13〜16c　ペルー

特徴　アンデス山中に興った高度な都市文明

[ルネサンス]　14〜16c　中世ヨーロッパ

特徴　イタリアを中心にみられたギリシャ・ローマ文化を復興する動き。人間の自由な創造性に重きをおく

ダンテ『神曲』、ミケランジェロ「ダビデ像」、ボッティチェリ「ヴィーナスの誕生」、レオナルド・ダ・ヴィンチ「モナ・リザ」、サン・ピエトロ大聖堂、コペルニクス、ガリレオ・ガリレイ、三大発明([羅針盤]、[火薬]、[活版印刷])

ロマン主義　18〜19c　近代ヨーロッパ

特徴　知性から魂へ、個人の感情を尊重する

ゲーテ、シューベルト、[ダーウィン]「進化論」

ギリシャ美術　紀元前1000年頃～紀元前１c末頃

[ドーリア]式(パルテノン神殿)、[イオニア]式、コリント式と続いた３つの建築様式

[ビザンティン]美術　5～15c

東ローマ帝国。教会建築、聖堂内壁のモザイク画、[イコン](聖画像)

中世キリスト教美術　10～15c

教会建築の発達。クリュニー修道院([ロマネスク]様式)、ノートルダム大聖堂・ケルン大聖堂([ゴシック]様式)

ルネサンス美術　14～16c

人間性の尊重。[ボッティチェリ]「ヴィーナスの誕生」「春」、[レオナルド・ダ・ヴィンチ]「最後の晩餐」「モナ・リザ」、[ミケランジェロ]「最後の審判」「ダビデ像」、ラファエロ

[バロック]様式　17c

絶対王政を背景に華麗で豪壮。ヴェルサイユ宮殿、ルーベンス、レンブラント

[ロココ]様式　18～19c

女性的な優美さと繊細さ。サンスーシ宮殿

[ロマン]主義　19c

情熱的で幻想的。ドラクロワ、ターナー

[自然]主義・写実主義　19c半ば

農村や都市生活を描写。コロー、ミレー

印象派　19c後半

[光]と[影]の色彩を追求。マネ、モネ、ドガ、ルノワール／後期印象派…自然の根源的な形態の把握。セザンヌ、ゴーギャン、ゴッホ

20世紀芸術

実験的手法、模倣の否定。野獣派…[マティス]「ダンス」／キュビスム…[ピカソ]「ゲルニカ」／表現主義…クレー、[ムンク]「叫び」／シュルレアリスム…ダリ、マグリット／抽象主義…カンディンスキー、モンドリアン

バロック音楽　17〜18c

演奏技法が発達。オペラ、協奏曲、ソナタなどが生まれた

［ヴィヴァルディ］「四季」、［バッハ］（音楽の父）「マタイ受難曲」、［ヘンデル］（音楽の母）「水上の音楽」

古典派　18c後半〜19c初め

ソナタ、室内楽、交響曲などの様式が確立

［ハイドン］（交響曲の父）「交響曲第100番『軍隊』」、［モーツァルト］「魔笛」「フィガロの結婚」、［ベートーヴェン］「月光」

ロマン派　19c前半

抒情的表現が特色

［ウェーバー］「魔弾の射手」、［シューベルト］「未完成交響曲」、［シューマン］「子どもの情景」、［メンデルスゾーン］「真夏の夜の夢」、［ショパン］「別れの曲」、［ベルリオーズ］「幻想交響曲」、［リスト］「ハンガリー狂詩曲」、［ワグナー］「ニーベルングの指環」、［ブラームス］「ハンガリー舞曲」、［ヴェルディ］「ラ・トラヴィアータ（椿姫）」

後期ロマン派　19c後半

［ブルックナー］「交響曲第０〜９番」、［ヨハン・シュトラウス］「美しく青きドナウ」、［マーラー］「交響曲第１番『巨人』」、［プッチーニ］「ラ・ボエーム」

国民楽派　19c後半

民謡などの影響を受け、国民性を強調した作品

［スメタナ］「わが祖国」、［ムソルグスキー］「禿山の一夜」、［チャイコフスキー］「白鳥の湖」、［ドヴォルザーク］「交響曲第９番『新世界より』」、［グリーグ］「ペール・ギュント」

印象派　19c後半〜

現代音楽の源流。印象を形象化

［ドビュッシー］「海」

新古典主義　20c前半

新しい感覚に古典性を取り入れる

［ストラヴィンスキー］「プルチネルラ」

ギリシャ哲学　紀元前7～4c　ギリシャ

現在の哲学のほかに数学なども含む学問の総称

タレス、ソクラテス、[プラトン]『国家』『ソクラテスの弁明』、[アリストテレス]『形而上学』『政治学』

大陸合理論　17～18c　フランス中心

科学の発達により感性と感情を排除、合理的に結論を導く

[デカルト]『方法序説』『省察』、[ライプニッツ]『モナド論(単子論)』、[スピノザ]『倫理学(エチカ)』

イギリス経験論　17～18c

経験から帰納して説明する哲学

[フランシス・ベーコン]『新オルガヌム』、[ロック]『人間悟性論』『市民政府二論』、[ヒューム]『人性論』

社会契約論　17～18c　イギリス・フランス

個人相互の契約で国家や社会が成立するという説

[ホッブズ]『リヴァイアサン』、[ルソー]『人間不平等起源論』

フランス啓蒙思想　18c

理性絶対の立場より民衆を無知から解放しようとする思想

[モンテスキュー]「三権分立論」『法の精神』、ディドロ、[ダランベール]『百科全書』、ヴォルテール(キリスト教批判)

ドイツ観念論　18～19c

ドイツ哲学の主流。現象は観念性で構成されると説明

[カント](批判哲学)『純粋理性批判』『実践理性批判』、フィヒテ、シェリング、[ヘーゲル](弁証法)『精神現象学』

イギリス功利主義　18～19c

産業革命を背景とし、個人と社会との幸福の調和を求める

[ベンサム]「最大多数の最大幸福」『統治論断片』『道徳及び立法の諸原理序説』、[ジョン・スチュアート・ミル]『経済学原理』『自由論』

実証主義　19～20c前半

観念的・形而上学的思考を排除し事実から法則性を明確化

[コント]『実証哲学講義』、[スペンサー]『総合哲学体系』

社会主義 19〜20c

人間疎外の解決を資本主義制度の変革に求める考え方

[オーウェン]『新社会観』、サン＝シモン、[ベルンシュタイン]『社会主義の諸前提と社会民主党の任務』、[ウェッブ夫妻]『労働組合運動史』

マルクス主義([共産]主義) 19〜20c

社会主義の必然性を訴え、改革理論を完成

マルクス『ドイツ・イデオロギー』『資本論』

実存主義 19〜20c

実存は本質に先立つ。自己疎外の克服を個人の主体性に求める

[ハイデッガー]『存在と時間』、[サルトル]『存在と無』『嘔吐』、[キルケゴール]『あれか、これか』、[ヤスパース]『理性と実存』、[ニーチェ]『善悪の彼岸』『ツァラトゥストラはかく語りき』

プラグマティズム 19c後半〜20c前半

実用主義。20世紀アメリカ哲学の主流。真理を行動などの結果の有効性からとらえる

パース『我々の観念を明晰にする方法』、ジェームズ『プラグマティズム』、[デューイ]『哲学の改造』

構造主義 19c後半〜20c

人間社会の無意識な構造を発見し、本来の実態をとらえる

[ソシュール]『一般言語学講義』、[レヴィ＝ストロース]『悲しき熱帯』、フーコー『言葉と物』、アルチュセール(認識論)『マルクスのために』、ラカン『エクリ』

ポスト構造主義 20c

構造主義の流れを汲みながらも、形而上学的思想を批判。後期フーコー

[リオタール]『漂流の思想』『ポスト・モダンの条件』、[デリダ](二項対立の発想を解体する「脱構築」を提唱)『エクリチュールと差異』、ドゥルーズ『差異と反復』、ドゥルーズとガタリの共著『アンチ・オイディプス』

上代(文学の発生から平安遷都まで)

『古事記』太安万侶撰。現存するわが国最古の史書

『日本書紀』舎人親王ら撰。神代の伝承・神武天皇から持統天皇までの歴史が編年体(年月の順を追って歴史を記す手法)で著された正史

『万葉集』大伴家持ら編。わが国最古の和歌集。代表的歌人は柿本人麻呂・山部赤人

中古(平安遷都から鎌倉幕府成立まで)

和歌

『古今和歌集』紀友則・紀貫之・凡河内《おおしこうちの》躬恒《みつね》・壬生《みぶの》忠岑《ただみね》撰。わが国最初の勅撰和歌集。略称は『古今集』。代表的歌人は六歌仙の小野小町・在原業平・遍昭など

『古今集』以後、**『後撰和歌集』**・**『拾遺和歌集』**・**『後拾遺和歌集』**・**『金葉和歌集』**・**『詞花和歌集』**・**『千載和歌集』**の順に勅撰和歌集が続く

物語文学

『源氏物語』紫式部。物語文学の頂点を極める作品

『源氏物語』のほかに、**『伊勢物語』**(歌物語。主人公は在原業平?)・**『竹取物語』**・**『宇津保物語』**(最古の長編物語)・**『落窪物語』**(継子いじめの話)などがある

日記・随筆

『土佐日記』紀貫之。仮名書きの旅日記。日記文学の道を開き、以後、女流日記・随筆文学に**『蜻蛉日記』**(藤原道綱母)・**『枕草子』**(清少納言)・**『更級日記』**(菅原孝標女)などが成立

その他

『往生要集』源信。問答体で極楽往生の念仏の功徳を説く仏典

『和漢朗詠集』藤原公任撰。漢詩や和歌を集成したもの

『栄花物語』編年体。藤原道長と一族をたたえた歴史物語

『大鏡』『栄花物語』とほぼ同時代を紀伝体(個人の伝記を連ねて記す手法)で描き、体制への批判的意識もみられる歴史物語

『今鏡』藤原為経(寂超)。『大鏡』の後を継ぐ歴史物語

『今昔物語集』1000話を超える日本・インド・中国の仏教・

民間説話集

『梁塵秘抄』今様(平安中・後期に流行した七五調四句または四・四・五の八五調四句からなる歌謡)などを後白河法皇が集成したもの

中世(鎌倉幕府成立から江戸幕府成立まで)

『新古今和歌集』藤原定家・家隆ら撰。八代集の最後。代表的歌人は後鳥羽院・西行(『山家集』の作者)・慈円・藤原俊成・藤原定家・藤原家隆・寂蓮・藤原俊成女など

『方丈記』鴨長明。和漢混交文で書かれた随筆。♪他の作品『無名抄』(評論)・『発心集』(説話集)

『金槐和歌集』源実朝

『平家物語』無常観を底流に平家一門の盛衰を描いた軍記物語

『宇治拾遺物語』仏教説話も含まれるが、「鬼のこぶ取り」や「腰折雀」など庶民的な話を集めた説話集

『徒然草』吉田(卜部)兼好。兼好法師とも

『十六夜日記』阿仏尼。所領争いの訴訟で鎌倉に下った際の紀行文日記。鎌倉滞在の記も合わせた2部構成

『風姿花伝』世阿弥。能楽について、生涯の稽古の在り方、物まねおよび扮装、演出方法などを論じたもの。花伝書

『歎異抄』[親鸞]の弟子の唯円によって書かれたとされる

近世(江戸幕府の成立から崩壊まで)

『おくのほそ道』松尾芭蕉。門人・曾良を伴った約5カ月にわたる旅を題材にした紀行文。♪他の作品『野ざらし紀行』・『笈の小文』・『更科紀行』・『嵯峨日記』・『俳諧七部集』(『冬の日』・『春の日』・『曠野《あらの》』・『ひさご』・『猿蓑《さるみの》』・『炭俵』・『続猿蓑』)

『好色一代男』井原西鶴。浮世草子。源氏物語の模倣のあとも見える。♪他の作品『日本永代蔵』(大金持ちがどのように巨万の富を築くに至ったかを、教訓を交えつつ説いたもの)・『世間胸算用』(一年の決算日である大晦日の町人達の各人各様の苦しいやりくりを詳細に描いたもの)

『曾根崎心中』近松門左衛門。浄瑠璃。♪他の作品『冥途の飛脚』・『国性爺合戦』・『心中天網島』・『女殺油地獄』

『雨月物語』上田秋成。前期読本(中国語の口語体で書かれた小説などをもとにした伝奇性・怪異性に富むもの)

『南総里見八犬伝』曲亭馬琴。後期読本(世界有数の長編小説)。♪他の作品『椿説弓張月』

『古事記伝』[本居宣長]。♪他の作品『玉勝間』(随筆)

『東海道中膝栗毛』[十返舎一九]。滑稽本(庶民の日常を題材に、駄洒落を駆使して滑稽に描いたもの)

『新花摘』[与謝蕪村]。俳文集。♪他の作品『夜半楽』

『おらが春』[小林一茶]。句文集。♪他の作品『父の終焉日記』

明治・大正・昭和(戦前)の文学

『小説神髄』[坪内逍遙]。写実主義を唱えた評論。♪他の作品『当世書生気質』(写実主義を実践した小説)

『浮雲』[二葉亭四迷]。小説。坪内逍遙の影響を受け言文一致体で書かれた。♪他の作品『小説総論』(評論)

『舞姫』[森鷗外]。小説。♪他の作品『青年』(夏目漱石の『三四郎』に影響を受け書かれた小説)・『雁』(高利貸の妾お玉の偶然に左右された運命を描いた小説)・『高瀬舟』(安楽死などを主題とした短編小説)

『五重塔』[幸田露伴]。小説

『たけくらべ』[樋口一葉]。小説。♪他の作品『にごりえ』

『金色夜叉』[尾崎紅葉](山田美妙らと硯友社を結成した)。未完の小説。♪他の作品『多情多恨』・『三人妻』

『若菜集』[島崎藤村](「文学界」を創刊した)。詩集。♪他の作品『破戒』・『家』・『夜明け前』(いずれも小説)

『武蔵野』[国木田独歩]。小説。♪他の作品『春の鳥』

『歌よみに与ふる書』[正岡子規]。評論。♪他の作品『病牀六尺』(随筆)、『寒山落木』・『俳句稿』(句集)、『竹の里歌』(歌集)

『蒲団』[田山花袋]。小説

『みだれ髪』[与謝野晶子]。歌集

『吾輩は猫である』[夏目漱石]。小説。♪他の作品『坊っちゃん』・『草枕』・『野分』・『虞美人草』・**『三四郎』『それから』『門』**(前期三部作)・**『彼岸過迄』『行人』『こゝろ』**(後期三

部作)・『道草』・『明暗』(すべて小説。『明暗』は未完)

『**海潮音**』[上田敏]。訳詩集

『**野菊の墓**』[伊藤左千夫](アララギ派の中心人物)。小説

『**邪宗門**』[北原白秋]。詩集。♪他の作品『思ひ出』(詩集)、『桐の花』(歌集)

『**すみだ川**』[永井荷風]。小説。♪他の作品『あめりか物語』・『ふらんす物語』・『腕くらべ』・『濹東綺譚』(すべて小説)

『**一握の砂**』[石川啄木]。歌集。♪他の作品『悲しき玩具』

『**お目出たき人**』[武者小路実篤](白樺派の中心人物)。小説。♪他の作品『友情』・『真理先生』

『**赤光**』[斎藤茂吉](伊藤左千夫の門人)。歌集。♪他の作品『あらたま』・『白き山』(いずれも歌集)、『童馬漫語』(歌論集)

『**道程**』[高村光太郎]。詩集。♪他の作品『智恵子抄』

『**羅生門**』[芥川龍之介]。小説。♪他の作品『鼻』・『芋粥』・『戯作三昧』・『地獄変』・『蜘蛛の糸』・『奉教人の死』・『枯野抄』・『藪の中』・『トロッコ』・『舞踏会』・『河童』・『歯車』

『**月に吠える**』[萩原朔太郎]。詩集。♪他の作品『青猫』・『純情小曲集』・『氷島』

『**生れ出づる悩み**』[有島武郎]。小説。♪他の作品『カインの末裔』・『小さき者へ』・『或る女』

『**春と修羅**』[宮沢賢治]。詩集。♪他の作品『注文の多い料理店』・『銀河鉄道の夜』(いずれも童話)

『**檸檬**《れもん》』[梶井基次郎]。小説。♪他の作品『城のある町にて』

『**蟹工船**』[小林多喜二]。小説。プロレタリア文学代表作

『**太陽のない街**』[徳永直《すなお》]。小説。印刷会社での争議の体験をもとにしたプロレタリア文学

『**様々なる意匠**』[小林秀雄]。評論。♪他の作品『本居宣長』

『**測量船**』[三好達治]。詩集。♪他の作品『艸《くさ》千里』・『駱駝《らくだ》の瘤《こぶ》にまたがつて』

『**風立ちぬ**』[堀辰雄]。小説。♪他の作品『麦藁帽子』・『菜穂子』(いずれも小説)

『**富嶽百景**』[太宰治]。小説。♪他の作品『走れメロス』・『晩年』

『津軽』・『斜陽』・『人間失格』

『**山月記**』[中島敦]。小説。♪他の作品『李陵』

昭和(戦後)以降の文学

『**死霊**』[埴谷雄高](戦後派)。小説。9章からなり、半世紀にわたって発表されてきたが、1997年、作者永眠のため未完

『**暗い絵**』[野間宏](戦後派)。小説。♪他の作品『真空地帯』

『**堕落論**』[坂口安吾](無頼派)。評論。♪他の作品『白痴』(小説)

『**俘虜記**』[大岡昇平]。小説。フィリピンでの俘虜(捕虜)体験を描いたもの。♪他の作品『武蔵野夫人』・『野火』

『**雪国**』[川端康成]。小説。♪他の作品『伊豆の踊子』・『山の音』・『古都』・『眠れる美女』。1968年[ノーベル文学賞]受賞

『**仮面の告白**』[三島由紀夫]。小説。♪他の作品『潮騒』・『金閣寺』・『豊饒《ほうじょう》の海』

『**闘牛**』(芥川賞受賞)[井上靖]。小説。♪他の作品『風林火山』・『あすなろ物語』・『氷壁』・『天平の甍《いらか》』・『楼蘭』・『敦煌』

『**二十億光年の孤独**』[谷川俊太郎]。詩集。♪他の作品『マザー・グースのうた』(訳詩集)

『**白い人**』(芥川賞受賞)[遠藤周作]。小説。♪他の作品『海と毒薬』・『沈黙』・『死海のほとり』・『深い河』

『**太陽の季節**』(芥川賞受賞)[石原慎太郎]。小説

『**裸の王様**』(芥川賞受賞)[開高健]。小説。♪他の作品『ベトナム戦記』(ルポルタージュ)

『**飼育**』(芥川賞受賞)[大江健三郎]。小説。♪他の作品『個人的な体験』・『万延元年のフットボール』・『新しい人よ眼ざめよ』。1994年[ノーベル文学賞]受賞

『**砂の女**』[安部公房]。小説。♪他の作品『壁－S・カルマ氏の犯罪』(芥川賞受賞)・『燃えつきた地図』

『**黒い雨**』[井伏鱒二]。小説。♪他の作品『山椒魚』

『**ノルウェイの森**』[村上春樹]。小説。♪他の作品『風の歌を聴け』・『羊をめぐる冒険』・『世界の終りとハードボイルド・ワンダーランド』・『海辺のカフカ』・『1Q84』

『**吉里吉里人**』[井上ひさし]。小説。♪他の作品『手鎖心中』・

『ナイン』・『東京セブンローズ』

『限りなく透明に近いブルー』(芥川賞受賞)[村上龍]。小説。♪他の作品『コインロッカー・ベイビーズ』・『半島を出よ』

『キッチン』[吉本ばなな]。小説。♪他の作品『うたかた』・『アムリタ』・『TUGUMI』

『博士の愛した数式』[小川洋子]。小説。♪他の作品『妊娠カレンダー』(芥川賞受賞)

『蛇を踏む』(芥川賞受賞)[川上弘美]。小説。♪他の作品『センセイの鞄』・『真鶴』

『家族シネマ』(芥川賞受賞)[柳《ゆう》美《み》里《り》]。小説。♪他の作品『ゴールドラッシュ』・『命』・『JR上野駅公園口』

『火花』(芥川賞受賞)[又吉直樹]。小説

プラス1!～文学用語

[アンソロジー]●名詩・名文の選集

[ウィット]●機知。あるいは洒落

[エピローグ]●小説や戯曲などの終結部。始まりはプロローグ

[オノマトペ]●擬声語・擬態語

[カタストロフ]●悲劇的な結末

[カタルシス]●精神的な浄化作用

[コンポジション]●文章の構成、組み立て

[ショート・ショート]●気の利いた落ちがある超短編小説

[ソネット]●十四行詩。13世紀頃イタリアで興った

[ドグマ]●批判や検討を行わずに独断的に主張される説

[ドラマツルギー]●脚本作法。作劇術

[パラドックス]●逆説

[プロット]●小説や戯曲などの筋。構想

[プロトタイプ]●原型

[ペシミズム]●厭世主義。悲観論。オプティミズムは楽観論

[モノローグ]●演劇用語。相手なしで語ったり自問自答したりするセリフ。対話の部分はダイアローグという

[ルポルタージュ]●記録文学

作品ー作者でおぼえる外国文学　※発表開始年を表記

『**オデュッセイア**』[ホメロス]。紀元前800年頃・ギリシャ

『**オイディプス王**』[ソフォクレス]。紀元前420年頃・ギリシャ

『**神曲**』[ダンテ]。1307年頃・伊。地獄・煉獄・天国の3部からなる宗教的大叙事詩

『**デカメロン**』[ボッカッチョ]。1348年・伊。「デカメロン」は「十日物語」の意。ペストを避けるため山荘に移った男女が1日1人ずつ10日間順番に1話ずつ語る形式

『**カンタベリー物語**』[チョーサー]。1387年・英

『**随想録**』[モンテーニュ]。1580年・仏

『**ドン・キホーテ**』[セルバンテス]。1605年・スペイン

『**人間嫌い**』[モリエール]。1666年・仏

『**失楽園**』[ミルトン]。1667年・英

『**ロビンソン・クルーソー**』[デフォー]。1719年・英

『**ガリヴァー旅行記**』[スウィフト]。1726年・英

『**チャイルド・ハロルドの巡礼**』[バイロン]。1812年・英

『**赤と黒**』[スタンダール]。1830年・仏

『**即興詩人**』[アンデルセン]。1835年・デンマーク。森鷗外によって翻訳された

『**検察官**』[ゴーゴリ]。1836年・露。ロシア戯曲の最高傑作

『**黒猫**』[ポー]。1843年・米

『**モンテ・クリスト伯**』[大デュマ]。1844年・仏

『**カルメン**』[メリメ]。1845年・仏。ビゼー作曲の歌劇カルメンの原作

『**嵐が丘**』[エミリー・ブロンテ]。1847年・英

『**ジェーン・エア**』[シャーロット・ブロンテ]。1847年・英

『**椿姫**』[小デュマ]。1848年・仏

『**緋文字**』[ホーソーン]。1850年・米

『**白鯨**』[メルヴィル]。1851年・米

『**アンクル・トムの小屋**』[ストウ]。1852年・米

『ボヴァリー夫人』［フローベール］。1857年・仏
『悪の華』［ボードレール］。1857年・仏
『不思議の国のアリス』［ルイス・キャロル］。1865年・英
『若草物語』［オールコット］。1868年・米
『トム・ソーヤーの冒険』［マーク・トウェイン］。1876年・米
『居酒屋』［ゾラ］。1877年・仏
『人形の家』［イプセン］。1879年・ノルウェー
『女の一生』［モーパッサン］。1883年・仏
『ピノッキオの冒険』［コッローディ］。1883年・伊
『にんじん』［ルナール］。1894年・仏
『どん底』［ゴーリキー］。1902年・露
『桜の園』［チェーホフ］。1903年・露
『ジャン・クリストフ』［ロマン・ロラン］。1904年・仏
『車輪の下』［ヘッセ］。1906年・独
『青い鳥』［メーテルリンク］。1908年・ベルギー
『狭き門』［ジッド］。1909年・仏
『失われた時を求めて』［プルースト］。1913年・仏
『変身』［カフカ］。1915年・独
『チボー家の人々』［マルタン・デュ・ガール］。1922年・仏
『ユリシーズ』［ジョイス］。1922年・アイルランド
『グレート・ギャツビー』［フィッツジェラルド］。1925年・米
『チャタレー夫人の恋人』［ロレンス］。1928年・英
『静かなドン』［ショーロホフ］。1928年・露
『三文オペラ』［ブレヒト］。1928年・独
『西部戦線異状なし』［レマルク］。1929年・独
『大地』［パール・バック］。1931年・米
『風と共に去りぬ』［ミッチェル］。1936年・米
『嘔吐』［サルトル］。1938年・仏
『怒りの葡萄』［スタインベック］。1939年・米

『異邦人』[カミュ]。1942年・仏

『ライ麦畑でつかまえて』[サリンジャー]。1951年・米

『イワン・デニーソヴィチの一日』[ソルジェニーツィン]。1962年・露

『百年の孤独』[ガルシア＝マルケス]。1967年・コロンビア

作者ー作品(群)でおぼえる外国文学

[ゲーテ]**(独)**『若きヴェルテルの悩み』・『ファウスト』

[シェイクスピア]**(英)**『ヴェニスの商人』・『ハムレット』・『リア王』

[バルザック]**(仏)**『谷間の百合』・『ゴリオ爺さん』・『人間喜劇』

[ディケンズ]**(英)**『二都物語』・『クリスマス・キャロル』・『大いなる遺産』

[ユーゴー]**(仏)**『レ・ミゼラブル』・『ノートルダム・ド・パリ』・『九十三年』

[ツルゲーネフ]**(露)**『父と子』・『猟人日記』・『処女地』

[トルストイ]**(露)**『戦争と平和』・『アンナ・カレーニナ』・『復活』

[ドストエフスキー]**(露)**『罪と罰』・『悪霊』・『カラマーゾフの兄弟』

[スティーブンソン]**(英)**『宝島』・『ジキル博士とハイド氏』・『バラントレーの若殿』

[モーム]**(英)**『月と六ペンス』・『人間の絆』

[トーマス・マン]**(独)**『ブッデンブローク家の人々』・『トニオ・クレーゲル』・『魔の山』

[ヘミングウェイ]**(米)**『武器よさらば』・『日はまた昇る』・『誰がために鐘は鳴る』・『老人と海』

[サン＝テグジュペリ]**(仏)**『夜間飛行』・『星の王子さま』

[サガン]**(仏)**『悲しみよこんにちは』

[カポーティ]**(米)**『ティファニーで朝食を』・『冷血』

[カズオ・イシグロ]**(英)**『浮世の画家』・『日の名残り』

数学

例　次の式を簡単にしなさい。

$2a^2+5b+7+2a-5b-4a^2+3a-6$

※式を簡単にする＝同類項をまとめて式を簡単にする

$2a^2+5b+7+2a-5b-4a^2+3a-6$

$=[2a^2]-[4a^2]+[2a]+[3a]+[5b]-[5b]+[7]-[6]$

$=[(2-4)a^2]+[(2+3)a]+[(5-5)b]+[7]-[6]$

$=[\underline{-2a^2+5a+1}]$

例　次の式を展開して整理しなさい。

$(2x+3y)^2-3x(4y-2x)$

※乗法公式・分配法則をおぼえているかな？→p.99で確認

$(2x+3y)^2-3x(4y-2x)$

※$(2x+3y)^2$←乗法公式$(a+b)^2=a^2+2ab+b^2$を使って展開

$(2x+3y)^2=(2x)^2+2\times 2x\times 3y+(3y)^2$

$=[4x^2]+[12xy]+[9y^2]-3x(4y-2x)$

※$-3x(4y-2x)$←$-3x$は(　)内すべての項にかける＝分配法則

$-3x(4y-2x)=(-3x)(4y)+(-3x)(-2x)$

$=[4x^2]+[12xy]+[9y^2]-[12xy]+[6x^2]$

※展開した式を整理する＝同類項をまとめて式を簡単にする

$=[4x^2]+[6x^2]+[9y^2]+[12xy]-[12xy]$

$=[\underline{10x^2+9y^2}]$

分配法則

□$A(B+C)=[AB+AC]$

□$(A+B)C=[AC+BC]$

乗法公式

レベル1

□$(a+b)^2=[a^2+2ab+b^2]$

□$(a-b)^2=[a^2-2ab+b^2]$

□$(a+b)(a-b)=[a^2-b^2]$

レベル2

□$(ax+b)(cx+d)$

$=[acx^2+(ad+bc)x+bd]$

レベル3

□$(a+b)^3=[a^3+3a^2b+3ab^2+b^3]$

□$(a-b)^3=[a^3-3a^2b+3ab^2-b^3]$

応用！

□$(a+b+c)^2=[(A+c)^2]$

$=A^2+2Ac+c^2$

$=(a+b)^2+2(a+b)c+c^2$

$=[a^2+b^2+c^2+2ab+2ac+2bc]$

指数法則

□$a^m\times a^n=[a^{m+n}]$

□$(a^m)^n=[a^{mn}]$

□$(ab)^n=[a^nb^n]$

例　次の式を因数分解しなさい。

$a^2b - ab^2 + 3ab$

※式を因数分解する＝式の展開の逆の作業をする

→共通因数でくくる

※共通因数はabで、すべての項に含まれている

$a^2b - ab^2 + 3ab$

$= [\,ab(a - b + 3)\,]$

例　次の式を因数分解しなさい。

$2x^2 + 7x + 6$

※単純に共通因数でくくれない

※$2x^2 + 7x + 6$が、$acx^2 + (ad + bc)x + bd$なら乗法公式レベル2の逆パターンで因数分解できる（因数分解の公式レベル３）

※$ac = 2$、$(ad + bc) = 7$、$bd = 6$になる４つの数をさがす

※$ac = 2$より、$a = 1$、$c = 2$と仮定

※$bd = 6$になるbとdの組をあげると

b	1	2	3	6
d	6	3	2	1

※$ad + bc = 7$となる数をさがす

ⓐ1　ⓑ1→2
ⓒ2　ⓓ6→6
足して　[8]　[×]

ⓐ1　ⓑ2→4
ⓒ2　ⓓ3→3
[7]　[○]

ⓐ1　ⓑ3→6
ⓒ2　ⓓ2→2
[8]　[×]

ⓐ1　ⓑ6→12
ⓒ2　ⓓ1→1
[13]　[×]

よって、$a = [1]$、$b = [2]$、$c = [2]$、$d = [3]$なので

$(ax + b)(cx + d)$にあてはめて、$[\,(x + 2)(2x + 3)\,]$

因数分解の公式

レベル1

□$a^2-b^2=[(a+b)(a-b)]$

□$a^2+2ab+b^2=[(a+b)^2]$

□$a^2-2ab+b^2=[(a-b)^2]$

レベル2

□$x^2+(a+b)x+ab=[(x+a)(x+b)]$

レベル3

□$acx^2+(ad+bc)x+bd=[(ax+b)(cx+d)]$

ケアレスミスに注意！

例　次の式を因数分解しなさい。

①　$(x+1)^2+3(x+1)-4$

※$(x+1)$をAとして、

$=A^2+3A-4$

$=(A-1)(A+4)$

$=(x+1-1)(x+1+4)$

×… $(x+1-1)(x+1+4)$の(　)内を整理すること

$=[x(x+5)]$○

②　x^4-5x^2+4

※$x^2=A$として、

$=A^2-5A+4$

$=(A-1)(A-4)$

$=(x^2-1)(x^2-4)$

×… $(x^2-1)(x^2-4)$はまだ因数分解できる

$=[(x+1)(x-1)(x+2)(x-2)]$○

例　次の計算をしなさい。

$\sqrt{18}-\sqrt{8}$

※$\sqrt{\quad}$の中をそろえてから計算する

$\sqrt{18}-\sqrt{8}$

$=[\sqrt{2\times3\times3}]-\sqrt{2\times2\times2}$

$=[3\sqrt{2}]-2\sqrt{2}$

$=[\sqrt{2}]$

例　次の計算をしなさい。

$\dfrac{2+\sqrt{2}}{\sqrt{10}}$

※分母を有理化して計算する

※分母の有理化＝分母・分子に同じ数をかけて分母の$\sqrt{\quad}$をはずすこと

$$\frac{2+\sqrt{2}}{\sqrt{10}}=\frac{(2+\sqrt{2})\times[\sqrt{10}]}{\sqrt{10}\times[\sqrt{10}]}=\frac{2\sqrt{10}+\sqrt{20}}{10}=\left[\frac{\sqrt{10}+\sqrt{5}}{5}\right]$$

例　次の式を簡単にしなさい。

$(2\sqrt{3}-1)(4\sqrt{3}+1)$

$(2\sqrt{3}-1)(4\sqrt{3}+1)$

※乗法公式を利用する

$=2\times4\times(\sqrt{3})^2+\{(2\times1)+(-1\times4)\}\sqrt{3}+(-1\times1)$

$=[24]+2\sqrt{3}-4\sqrt{3}-1$

$=[24]-1+2\sqrt{3}-4\sqrt{3}$

$=[23-2\sqrt{3}]$

平方と平方根

□正の数aの平方根＝[$\pm\sqrt{a}$]

49の平方根は±7、
0.64の平方根は±0.8、
0.36の平方根は±0.6だね。

□平方とは[2]乗すること

「$\frac{1}{3}$の平方を求めなさい」という問題の答えは$\frac{1}{9}$だ。

□有理数と無理数の大小を比べるときは、それぞれの数の[平方]で比べる（両方とも正の数の場合）。

6と$\sqrt{38}$なら$6^2=36$、$(\sqrt{38})^2=38$で$36<38$だから$6<\sqrt{38}$となる。

根号を含む式の計算

a、bを正の数とするとき

□$\sqrt{a}\times\sqrt{b}=$[$\sqrt{ab}$]

□$\dfrac{\sqrt{a}}{\sqrt{b}}=$[$\sqrt{\dfrac{a}{b}}$]

□$\sqrt{a^2b}=$[$a\sqrt{b}$]

プラス1

（例）244になるべく小さい正の整数をかけて、ある数の平方になるようにしたい。どんな数をかければよいか。

$244\times x=X^2$となればよい。

244を素因数分解すると、

$244=2^2\times61$

したがって、素因数である61をかければ

$2^2\times61\times61=2^2\times61^2=(2\times61)^2$

[61]

例　次の連立方程式を解きなさい。

① $\begin{cases} x+y=6 \\ 2x+4y=16 \end{cases}$　② $\begin{cases} 3x+y=9 \\ 2x+y=7 \end{cases}$

※代入法と加減法の2つの解き方がある

① $\begin{cases} x+y=6 & ㋐ \\ 2x+4y=16 & ㋑ \end{cases}$

※㋐を$y=6-x$の形㋒に変形して㋑に代入

$2x+4(6-x)=16$

$2x+$ [24] $-$ [$4x$] $=16$

$2x-$ [$4x$] $=16-$ [24]

[$-2x$] $=$ [-8]

$x=$ [4]

※xの値を㋒に代入して

$y=6-$ [4]

$=$ [2]

[$x=4,\ \ y=2$]

② $\begin{cases} 3x+y=9 & ㋐ \\ 2x+y=7 & ㋑ \end{cases}$

※㋐－㋑でyを消去

$\quad 3x+y=9$

$-)\ 2x+y=7$

$\quad x\quad =$ [2]

※xの値を㋐か㋑に代入

$3\times$ [2] $+y=9$

[6] $+y=9$

$y=9-$ [6]

$y=$ [3]

[$x=2,\ \ y=3$]

例　次の2次方程式を解きなさい。

①$x^2+7x+10=0$　②$x^2+4x+2=0$

①$x^2+7x+10=0$

※因数分解で解く

$(x+$ [2]$)(x+$ [5]$)=0$

$x+$ [2] $=0$のとき$x=$ [-2]

$x+$ [5] $=0$のとき$x=$ [-5]

よって、

$x=$ [$-2,\ \ -5$]

②$x^2+4x+2=0$

※解の公式で解く→p.105

$x=\dfrac{-4\pm\sqrt{16-4\cdot1\cdot2}}{[2]}$

$=\dfrac{-4\pm\sqrt{8}}{[2]}$

$=$ [$-2\pm\sqrt{2}$]

2次方程式

□$x^2 = m^2$を解くと、$x =$ [$\pm m$]

$x^2 = 49$なら、$x = \pm 7$、
$x^2 - 81 = 0$なら、$x^2 = 81$、だから$x = \pm 9$、
$3x^2 = 21$なら、$x = \pm\sqrt{7}$、だね。

□$(x + m)^2 = a$

$$x + m = \pm\sqrt{a}$$

$$x = [-m \pm \sqrt{a}]$$

$(x-2)^2 = 9$なら、$x = 2 \pm \sqrt{9}$
$x = 5$、-1だね。

□解の公式

$$ax^2 + bx + c = 0 \text{のとき、} x = \left[\frac{-b \pm \sqrt{b^2 - 4ac}}{2a}\right]$$

プラス1

(例)大小2つの数があり、その和は18、積は65となるとき、この2数を求めなさい。

小さい数をx、大きい数を$18 - x$とする。

$x \times (18 - x) = 65$

これを解いて

$$18x - x^2 = 65$$

$$-x^2 + 18x - 65 = 0$$

$$-(x - 13)(x - 5) = 0$$

$x < 18 - x$であるため、$2x < 18$、$x < 9$

よって、$x = 5$

$18 - 5 = 13$

[5, 13]

例　2次方程式$ax^2-8x+1=0$が異なる2つの解をもつような、定数aの値の範囲を求めなさい。

※異なる2つの解をもつ＝$b^2-4ac>0$のとき

$(-8)^2-4\times a\times$ [1] >0

[64] $-4a>0$

$-4a>-$ [64]

[$a<16$]

例　次の2次関数の最大値、最小値を求めなさい。

$y=-2x^2-8x-5\quad(-3\leqq x\leqq 1)$

※$y=-2x^2-8x-5$を$y=a(x-p)^2+q$の形に変形する

$y=-2x^2-8x-5$

$=-2(x^2+4x)-5$

$=-2(x^2+4x+4-4)-5$

$=-2(x^2+4x+4)+8-5$

$=\underline{-2}(x+2)^2+3$

↑ a

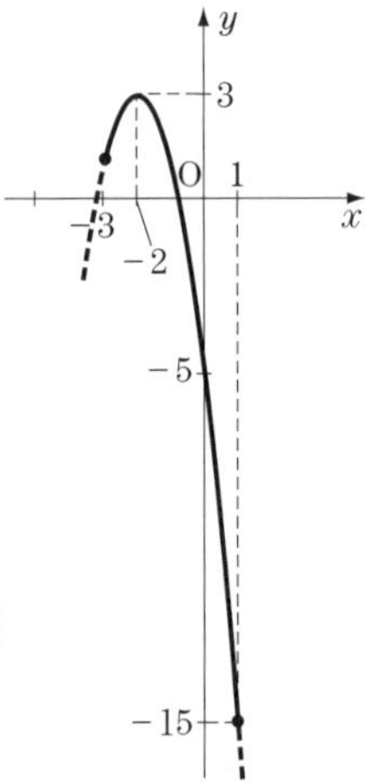

※$y=a(x-p)^2+q$について$a<0$のとき上に凸のグラフになる。

頂点の座標は$x=-2$, $y=3$

最大値　[$x=-2$のとき、$y=3$]

最小値　[$x=1$のとき、$y=-15$]

2次方程式の解の個数

$ax^2+bx+c=0$において

□b^2-4ac [$>$] 0　ならば解は2つ

□b^2-4ac [$=$] 0　ならば解は1つ(重解)

□b^2-4ac [$<$] 0　ならば解はなし

2次関数のグラフと特徴

$y=ax^2+bx+c$について

□$a>0$のとき[下]に凸、$a<0$のとき[上]に凸のグラフとなる

□$y=ax^2+bx+c$は次のように変形される

$$y=ax^2+bx+c$$

$$=\left[a\left(x+\frac{b}{2a}\right)^2-\frac{b^2-4ac}{4a}\right]$$

平方完成という

□$y=ax^2+bx+c$のグラフは次の特徴をもつ

・$y=ax^2$のグラフを

x軸方向に$\left[-\frac{b}{2a}\right]$、$y$軸方向に$\left[-\frac{b^2-4ac}{4a}\right]$

平行移動したグラフとなる

・軸の方程式は$x=\left[-\frac{b}{2a}\right]$

・頂点の座標は$\left[-\frac{b}{2a},\ -\frac{b^2-4ac}{4a}\right]$

例　弧の長さが20cm、半径が10cmのおうぎ形の面積を求めなさい。

※おうぎ形の面積 $S=\frac{1}{2}lr$ (→p.109)より

$\frac{1}{2}\times[20]\times[10]=[100]$

[100cm²]

例　右の円すいの展開図のおうぎ形の中心角xと、この円すいの体積を求めなさい。

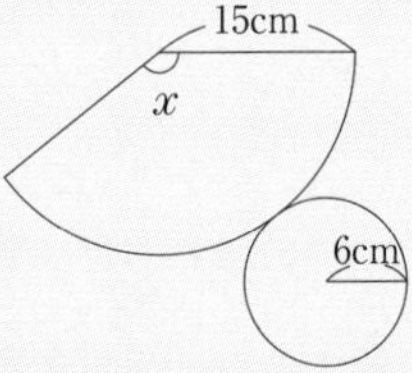

※おうぎ形の中心角の公式(→p.109)より

$x=360\times\left[\frac{6}{15}\right]=[144]$　　[144°]

※円すいの体積は、$\frac{1}{3}$×底面積×高さ

※底面積＝$6^2\pi$、高さは三平方の定理(→p.113)より

$\sqrt{15^2-6^2}=\sqrt{(15+6)(15-6)}=\sqrt{21\times9}=3\sqrt{21}$

$\frac{1}{3}\times[6^2\pi]\times[3\sqrt{21}]=[36\sqrt{21}\pi]$　　[$36\sqrt{21}\pi$ cm³]

おうぎ形

□弧の長さ $l=\left[2\pi r\times\frac{a}{360}\right]$　　r…半径、a…中心角

□面積 $S=\pi r^2\times\frac{a}{360}=\left[\frac{1}{2}lr\right]$

円すい・角すいの体積

□$V=\left[\frac{1}{3}\times\text{底面積}\times\text{高さ}\right]$

円柱・角柱の体積

□$V=$[底面積×高さ]

球

□体積 $V=\left[\frac{4}{3}\pi r^3\right]$

□表面積 $S=[4\pi r^2]$

円すいの展開図

□おうぎ形の中心角 $a=\left[360\times\frac{r}{m}\right]$

□おうぎ形の弧の長さ l＝底面の円周

▼

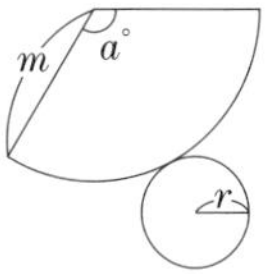

$l=2\pi m\times\frac{a}{360}=[2\pi r]$

例　次の図でx，yの値を求めなさい。

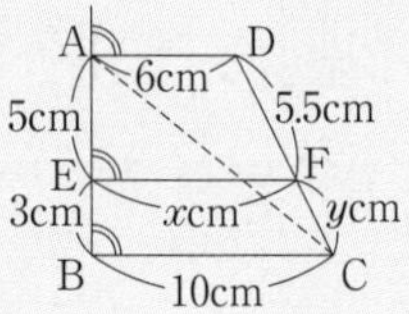

AD//EF//BCなので、AE：EB＝DF：FC(y)より、

　5：3＝5.5：y

　　y＝[3.3]〔cm〕

ACとEFの交点をGとすると、x＝EG＋GF

△AEG∽△[ABC]より、

　EG：[10]＝5：[8]

　　　EG＝[6.25]

また、△ADC∽△GFC、y＝[3.3]より、

　GF：6＝[3.3]：8.8

　　GF＝[2.25]

x＝[6.25]＋[2.25]＝[8.5]〔cm〕

例　次の立体Qの上部にあたる立体Pの体積を求めなさい。

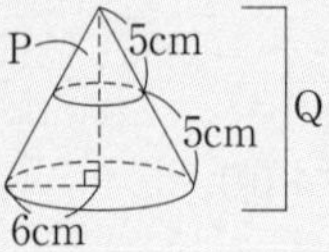

※PとQの相似比 1：2 より体積比は $1^3：2^3$

　円すいQの高さ＝$\sqrt{10^2-6^2}$＝[8]

　円すいQの体積＝$\frac{1}{3}\times6^2\pi\times8$＝[96π]

　Pの体積をxとおくと、1：[8]＝x：[96π]

　　x＝[12π]〔cm^3〕

三角形の合同条件

□3辺の[長さ]が等しい
□2辺とその間の[角]が等しい
□1辺とその両端の[角]が等しい

三角形の相似条件

□3辺の[比]が等しい
□2辺の比とその間の[角]が等しい
□2[角]が等しい

相似な図形の相似比と面積比・体積比

相似な図形の対応する辺の比はすべて等しい
□相似比が$m:n$なら面積比は[m^2]：[n^2]
□相似比が$m:n$なら体積比は[m^3]：[n^3]

平行線と角

□平行な2直線に交わる1本の直線があるとき、
[対頂]角だけでなく、同位角・[錯]角も等しい

その他

□三角形の外角a＝[aと隣り合わない2つの内角の和]
□n角形の内角の和＝[$180° \times (n-2)$]
□n角形の外角の和＝[360°]
□n角形の対角線の数＝[$n(n-3) \div 2$]
□ひし形の面積＝[対角線の長さ×対角線の長さ×$\frac{1}{2}$]

例　長方形ABCDの折り紙がある。この紙は頂点Cが辺ADの中点Mと重なるように折ると、折り目の線上に頂点Bがくるものとする。このとき、次の問いに答えなさい。

(1)　辺AB、BCの長さの比を求めなさい。

(2)　頂点Cが辺ABの中点Nと重なるように折ったとき、折り目の線をEFとする。このとき、BF：FCを求めなさい。

(1)　下の図より、BC＝BM。

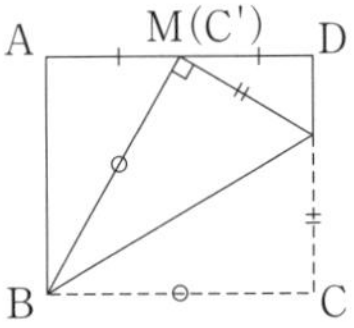

$AM=\frac{1}{2}AD=\frac{1}{2}BC=\frac{1}{2}BM$

△ABMにおいて、$BM=[2]$として、三平方の定理より、

$AB^2=[2^2]-[1^2]$

$AB=\sqrt{[2^2]-[1^2]}$

$\quad=\sqrt{[3]}$

よって、$AB:BC=[\sqrt{3}:2]$

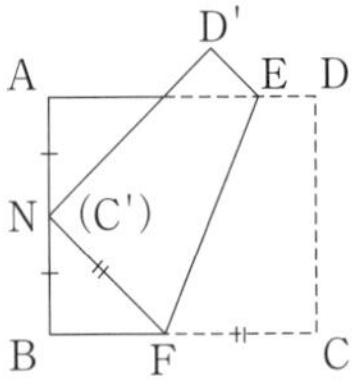

(2)　(1)より、$AB=\sqrt{3}$、$BC=2$とすると、NはABの中点より、

$BN=\frac{\sqrt{3}}{2}$

BFをxとおくと、

$NF=BC-x=2-x$

三平方の定理より、$x^2+\left[\left(\frac{\sqrt{3}}{2}\right)^2\right]=[(2-x)^2]$　$x=\frac{[13]}{16}$

$FC=2-\frac{[13]}{16}=\frac{[19]}{16}$

よって、$BF:FC=\frac{[13]}{16}:\frac{[19]}{16}=[13:19]$

三平方の定理

□直角三角形の斜辺の2乗＝他の2辺の2乗の和

$c^2 = [a^2 + b^2]$

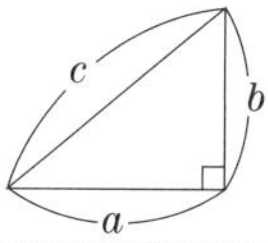

直角三角形の特別な比

□直角二等辺三角形の辺の比

[1]：[1]：[$\sqrt{2}$]

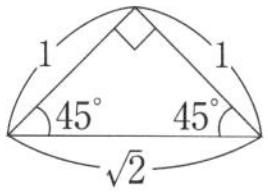

□60°、30°の直角三角形の辺の比

[1]：[$\sqrt{3}$]：[2]

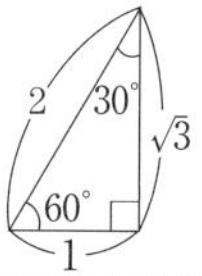

直方体の対角線の長さ

□$l = [\sqrt{a^2 + b^2 + c^2}]$

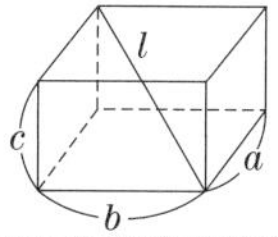

立体の表面を通る2点の最短距離

□[展開図]上で2点を結ぶ
直線が最短距離

中点連結定理

□三角形の2辺の中点を結ぶ線分は
残りの辺に平行で長さは$\frac{1}{2}$となる。
MN//BC　BC＝[2]MN

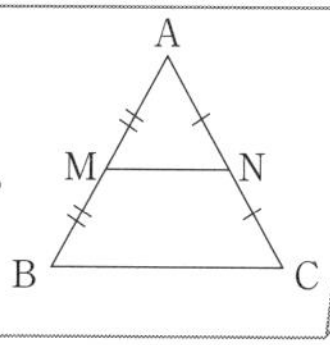

例　40人の学生を対象に入部調査したところ、テニス部が24人、フットサル部が17人で、その両方に入っている人が6人いた。このとき、次の問いに答えなさい。

(1)　テニス部またはフットサル部に入っている人は何人か。

(2)　テニス部にもフットサル部にも入っていない人は何人か。

※ベン図をかいて解こう

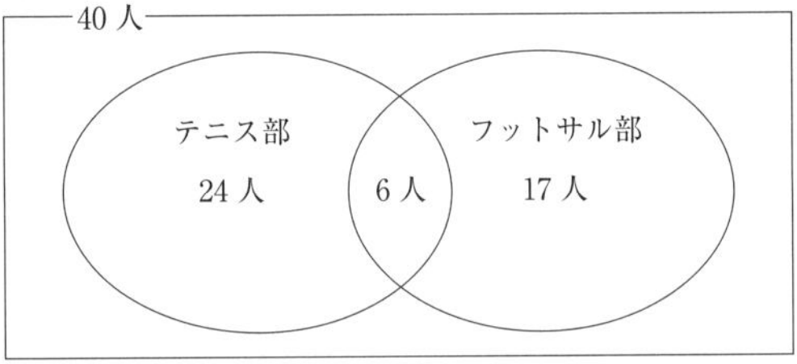

(1)　テニス部またはフットサル部に入っている人

テニス部24人＋フットサル部17人－両方に入っている人6人＝[35]人

(2)　40人－[35]人＝[5]人

例　次の連続する自然数の和を求めなさい。

$1+2+3+\cdots+20$

$$\frac{[20]\times([20]+1)}{2}=10\times21=[210]$$

集合

□[重複]する数を除くことを忘れない。

等差数列

初項a

例　[4]　8　12　16　20

+4　+4　+4　+4　←公差d

□第n項の求め方

$$a_n = [a + (n-1)d]$$

□第n項までの和S_n

$$S_n = \left[\frac{n(a + a_n)}{2}\right]$$

□1からnまでの自然数の和

$$\frac{[n](n+1)}{2}$$

等比数列

初項a

例　[4]　8　16　32

×2　×2　×2　←公比r

□第n項の求め方

$$a_n = [a \times r^{n-1}]$$

□第n項までの和S_n

$$S_n = \left[\frac{a(r^n - 1)}{r - 1}\right]$$（$r \neq 1$のとき）

$$S_n = [na]$$（$r = 1$のとき）

例　0、1、2、3、4、5の6個の数字から異なる4個の数字を並べてできる4桁の数のうち、偶数は何個ありますか。

千の位が0になると4桁の数とはいえないので、千の位に入れられる数は5通りとなる。この5通りの千の位の数に対して百の位以下の3個の数字の並びは $[{}_5P_3]$ 通り。
積の法則より

$$5\times[{}_5P_3]=5\times(5\times4\times3)=300$$

また、4桁の数で奇数になるものは次のようになる。

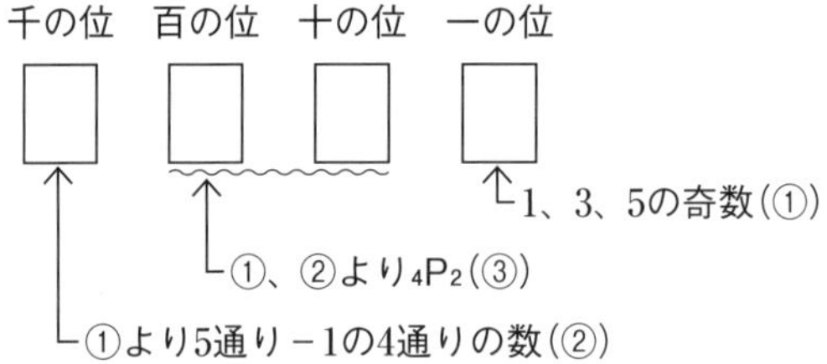

① ② ③

$$300-3\times4\times{}_4P_2$$
$$=300-12\times(4\times3)$$
$$=300-[144]$$
$$=[156]〔個〕$$

和の法則

□2つのことがらA、Bがあって、それらは同時に起こらないとする。Aの起こり方がa通り、Bの起こり方がb通りあるとすれば、AまたはBのいずれかが起こる場合の数＝[$a+b$]通り

積の法則

□2つのことがらA、Bがあって、Aの起こり方がa通りあり、その各々に対してBの起こり方がb通りあるとすれば、AとBが同時に起こる場合の数＝[$a\times b$]通り

順列

□異なるn個のものからr個取って並べる順列の総数

[${}_nP_r$] $= n(n-1)(n-2)\cdots(n-r+1)$

→例　${}_6P_5=6\times5\times4\times3\times2$

${}_9P_2=9\times8$

□n個のものからn個取る順列の数

${}_nP_n=n(n-1)\cdots\cdot3\cdot2\cdot1$

1からnまでの自然数の積を$n!$で表し、nの[階乗]という。

${}_nP_n=n!$

→例　$5!=5\times4\times3\times2\times1=120$

□n種類のものからr個取る[重複]順列の数

$$\underbrace{n\times n\times n\times n\times\cdots\times n}_{r\text{個の積}}=n^r$$

□異なるn個のものを円形に並べた[円]順列の総数

$$\frac{{}_nP_n}{n}=(n-1)!$$

例　男子6人、女子5人の中から、男女それぞれ2人ずつの委員を選ぶ方法は何通りありますか。

男子6人から2人の委員を選ぶ方法は${}_6C_2$通り。女子5人から2人の委員を選ぶ方法は${}_5C_2$通り。
積の法則から、

$$
{}_6C_2 \times {}_5C_2 = \frac{[{}_6P_2]}{2!} \times \frac{[{}_5P_2]}{2!}
$$

$$
= \frac{[6] \times [5]}{2 \times 1} \times \frac{[5] \times [4]}{2 \times 1}
$$

$= 15 \times 10 =$ [150]〔通り〕

例　袋の中に赤球6個と白球4個が入っている。この袋の中から同時に2個の球を取り出すとき、2個とも同じ色の球が出る確率を求めなさい。

起こり得るすべての数は${}_{10}C_2$通り。
このうち、赤球が2個出る事象をA、白球が2個出る事象をBとすると、

$$
P(A) = \frac{{}_6C_2}{{}_{10}C_2} = \frac{[6] \times [5]}{10 \times 9} = \frac{1}{3}
$$

$$
P(B) = \frac{{}_4C_2}{{}_{10}C_2} = \frac{[4] \times [3]}{10 \times 9} = \frac{2}{15}
$$

AとBは排反事象であるから、求める確率は

$$
\frac{1}{3} + \frac{2}{15} = \left[\frac{7}{15}\right]
$$

組合せ

□異なるn個のものからr個取る組合せの総数

$${}_nC_r=\left[\frac{{}_nP_r}{r!}\right]$$

確率

□起こり得るすべての場合がn通り、ある事象Aの起こる場合がa通りならばAの起こる確率$P(A)$は

$$P(A)=\left[\frac{a}{n}\right]$$

□$P(A)$の取り得る値の範囲

$[0]\leqq P(A)\leqq[1]$

□A、Bが排反事象であるとき

$P(A\cup B)=[P(A)+P(B)]$

排反事象…AとBは一方が起これば他方は決して起こらないという事象

$A\cup B$…AとBの和事象(AまたはBの少なくとも一方が起こるという事象)

□余事象の確率

$P(\overline{A})=[1-P(A)]$

$\overline{A}$…事象Aの余事象(Aが起こらないという事象)

例　10進法の78を2進法に直しなさい。

※10進法→n進法の変換は下のようにする。

nで割って→いく

2	78	余り
2	39	…0
2	19	…1
2	9	…1
2	4	…1
2	2	…1
2	2	…0
	1	…0

答え

78＝[1001110₍₂₎]

10進法の数をnで割れなくなるまで割って、最後の商→余りを矢印の順で書き出せばいいよ。

例　2進法の110110を10進法に直しなさい。

※n進法→10進法の変換は下のようにする。

1	1	0	1	1	0	
×	×	×	×	×	×	
2^5	2^4	2^3	2^2	2^1	2^0	
‖	‖	‖	‖	‖	‖	
[32] +	[16] +	[0] +	[4] +	[2] +	[0]	＝[54]

一番右がn^0、左に行くにしたがって桁が、n^1→n^2→n^3…となる。これらをすべて足せばOK。ちなみに、2^0＝1になることを思い出そう。

理　科

例　水素とメタンCH_4の混合気体が標準状態で5.60Lあった。この混合気体を完全燃焼させたところ、5.40gの水が生じた。これについて次の問いに答えよ。ただし、原子量はH＝1.0、O＝16.0とする。

(1)　もとの混合気体中の水素とメタンは合計で何molだったか。

(2)　水素およびメタンの完全燃焼の化学反応式を記せ。

(1)　※気体1molの体積は標準状態では[22.4]Lの体積

5.6L÷[22.4]L＝[0.25]

[0.25]mol

(2)　水素…H_2、水…H_2O、酸素…O_2、

二酸化炭素…CO_2

化学反応式では左辺と右辺の原子の種類と数が等しくなるように係数をつける

水素の燃焼…$H_2+O_2 \rightarrow H_2O$　×

O原子が1個余る

[2]$H_2+O_2 \rightarrow$[2]H_2O　○

	左辺	右辺
H原子	2×2	2×2
O原子	2	2

メタンの燃焼…$CH_4+O_2 \rightarrow CO_2+H_2O$　×

O原子が1個不足

H原子が2個余る

CH_4+[2]$O_2 \rightarrow CO_2+$[2]H_2O　○

よって、[$2H_2+O_2 \rightarrow 2H_2O$]、[$CH_4+2O_2 \rightarrow CO_2+2H_2O$]

モルと原子量と質量

□[物質量]＝モル(mol)単位で表した原子などの粒子の量

□1mol＝[6.02×10^{23}]個の粒子の集合体

□気体1molは標準状態(0℃、1気圧)で[22.4]Lの体積

□1molの質量は
- 原子なら原子量にgをつける
- 分子なら分子量にgをつける
- [イオン]なら式量にgをつける

質量(g)	
物質量(mol)	原子量・分子量・式量

□[質量]＝物質量×原子(または分子、式)量

□[物質量]＝質量／原子(または分子、式)量

□粒子(原子や分子)の個数＝[モル数×6.02×10^{23}]

□気体の体積(標準状態)＝[モル数×22.4L]

化学反応式(化合)

□水素＋酸素→水　$2H_2+O_2\rightarrow$[$2H_2O$]

□炭素＋酸素→二酸化炭素　$C+O_2\rightarrow$[CO_2]

□銅＋酸素→酸化銅　$2Cu+O_2\rightarrow$[$2CuO$]

□マグネシウム＋酸素→酸化マグネシウム　$2Mg+O_2\rightarrow$[$2MgO$]

□硫黄＋酸素→二酸化硫黄　$S+O_2\rightarrow$[SO_2]

□鉄＋硫黄→硫化鉄　$Fe+S\rightarrow$[FeS]

□銅＋塩素→塩化銅　$Cu+Cl_2\rightarrow$[$CuCl_2$]

□窒素＋水素→アンモニア　$N_2+3H_2\rightarrow$[$2NH_3$]

□エタノール＋酸素→二酸化炭素＋水　$C_2H_5OH+3O_2\rightarrow$[$2CO_2+3H_2O$]

化学反応式（分解）

□塩酸→水素＋塩素　$2HCl$→[H_2＋Cl_2]

□塩化ナトリウム→ナトリウム＋塩素
$2NaCl$→[$2Na$＋Cl_2]

□酸化銀→銀＋酸素　$2Ag_2O$→[$4Ag$＋O_2]

□炭酸水素ナトリウム→炭酸ナトリウム＋二酸化炭素＋水
$2NaHCO_3$→[Na_2CO_3＋CO_2＋H_2O]

□過酸化水素→水＋酸素　$2H_2O_2$→[$2H_2O$＋O_2]
※触媒として二酸化マンガンを用いる。

化学反応式（中和）

□塩酸＋水酸化ナトリウム→塩化ナトリウム＋水
HCl＋$NaOH$→[$NaCl$＋H_2O]

□硫酸＋水酸化バリウム→硫酸バリウム＋水
H_2SO_4＋$Ba(OH)_2$→[$BaSO_4$＋$2H_2O$]

化学反応式（沈殿）

□石灰水＋二酸化炭素→炭酸カルシウム（白色沈殿）＋水
$Ca(OH)_2$＋CO_2→[$CaCO_3$＋H_2O]

□塩化ナトリウム＋硝酸銀→塩化銀（白色沈殿）＋硝酸ナトリウム　$NaCl$＋$AgNO_3$→[$AgCl$＋$NaNO_3$]

化学反応式（酸化・還元）

□酸化銅＋炭素→銅＋二酸化炭素
$2CuO$＋C→[$2Cu$＋CO_2]

□酸化銅＋水素→銅＋水　CuO＋H_2→[Cu＋H_2O]

□二酸化炭素＋マグネシウム→炭素＋酸化マグネシウム
CO_2＋$2Mg$→[C＋$2MgO$]

化学の法則(原子説・分子説)

□古代ギリシャ…[火]・[水]・[土]・[空気]がすべてのものの根元(元素)←四元素説

□17世紀…ボイルの元素の定義　byボイル(英)
「元素は実験によってそれ以上[単純なもの]に分けられないもの」

□1774年…質量保存の法則　by[ラボアジエ](仏)
「物質全体の質量の和は反応前後で一定」

□1799年…定比例の法則　by[プルースト](仏)
「化合物の元素の質量比は一定」

□1803年…ドルトンの原子説
「単体も化合物もすべて原子からできている。原子は元素ごとに固有の質量と大きさをもっており、分割できない。化合物は原子が一定数結合したものであり、物質の化学変化は原子の[組合せ]が変わるだけである」

□1803年…倍数比例の法則　by[ドルトン](英)
「A、B2つの元素からなる異なる2種以上の化合物があるとき、Aの一定量に対するBの量は簡単な整数比になる」

□1808年…気体反応の法則
by[ゲイ＝リュサック](仏)
「気体の反応における体積比は簡単な整数比になる」

□1811年…[アボガドロ]の分子説
by[アボガドロ](伊)
「単体も化合物もすべて分子からなる。分子はいくつかの原子が結合したもので、反応時には原子レベルで分割される。同温・同圧・同体積の気体中には同数の分子が含まれる」

例　直線道路上を速さ10m/sで走っていた自動車が一定の割合で加速し、5.0秒後には16m/sの速さになった。この間の加速度は何m/s²か。

加速度$a=\dfrac{v-v_0}{t}$より、

$$\frac{[16]-[10]}{[5]}=[1.2]\qquad \underline{[1.2]\,\mathrm{m/s^2}}$$

例　初速度10m/sで水平方向に運動している物体に一定の力が作用して、5秒間に200m進んだ。物体の質量が2.0kgのとき、物体に作用した力は何Nか。

※まず、加速度aを求めてから運動方程式を用いる。

距離$s=v_0t+\dfrac{1}{2}at^2$より、

$$200=[10]\times[5]+\frac{1}{2}a[5^2]$$

$$=[50]+\frac{[25]a}{2}$$

$$a=(200-[50])\times\frac{2}{[25]}$$

$$a=[12]$$

※運動方程式$F=ma$に、質量$m=2.0\mathrm{kg}$、加速度$a=[12]\,\mathrm{m/s^2}$を代入して

$$F=2\times[12]=[24]$$

$$\underline{[24]\,\mathrm{N}}$$

等加速度運動の基本式

□加速度$a = \left[\dfrac{v - v_0}{t}\right]$

□t秒後の速度$v = [v_0 + at]$

□距離$s = \left[v_0 t + \dfrac{1}{2}at^2\right]$

a〔m/s^2〕：加速度、t〔s〕：時間、s〔m〕：移動距離、v〔m/s〕：速度、v_0〔m/s〕：初速度

ニュートンの三法則

□第1法則…[慣性の法則]

物体が外から力を受けなければ、静止している物体はいつまでも静止状態を保ち、運動している物体は等速直線運動を続ける。

□第2法則…[運動方程式（運動の法則）]

$$F = m\,a$$

F ↑：物体に働く力　m ↑：質量　a ↑：加速度

F〔N〕：力、m〔kg〕：質量、a〔m/s^2〕：加速度

□第3法則…[作用・反作用の法則]

物体Aが他の物体Bに力を加えると、物体Aは物体Bから力を受ける。このとき物体Aが加える力を作用、物体Bから受ける力を反作用という。作用と反作用は同一直線上にあり、大きさが等しく、向きが反対となる。

例　真上に初速10m/sで球を投げた。0.5秒後の速度を求めよ。ただし、球の位置は出発点を基準にして測り、重力加速度は$9.8\,\mathrm{m/s^2}$とする。

※各公式にあてはめる。

$v = v_0 - gt$より、

$v = [10] - [9.8] \times [0.5]$

$= [10] - [4.9]$

$= [5.1]$

[5.1]m/s

例　水平面上のA点にあった台車を斜面を利用して5.0m高いB点まで運んだ。台車の質量が60kgのとき、この人がした仕事は何Jか。
ただし、摩擦は無視できるものとし、100gを1Nとする。

※斜面上を運ぶ仕事は、摩擦を無視した場合、直接もち上げる仕事と同じになる。仕事の公式にあてはめる。

$W = Fs$より、

$W = [60] \times [10] \times [5]$

$= [3000]$

[3000]J

道具を使って力が小さくてすむときでも、物体を動かす距離が長くなって、結局仕事の量自体は道具を使わないときと変わらないんだ。これを仕事の原理っていうよ。

自由落下の公式

- □ t秒後の速度$v=[gt]$
- □ t秒間の落下距離$s=\left[\frac{1}{2}gt^2\right]$
- □ $2gs=[v^2]$

t〔s〕：時間、v〔m/s〕：速度、g〔m/s²〕：重力加速度、s〔m〕：落下距離

投げ上げ運動の公式

- □ t秒後の速度$v=[v_0-gt]$
- □ t秒後の位置（高さ）$s=\left[v_0t-\frac{1}{2}gt^2\right]$
- □ $-2gs=[v^2-{v_0}^2]$

t〔s〕：時間、v〔m/s〕：速度、v_0〔m/s〕：初速度、g〔m/s²〕：重力加速度、s〔m〕：t秒後の位置（高さ）

仕事の公式

- □ 仕事$W=[Fs]$

W〔J〕：仕事、F〔N〕：力、s〔m〕：移動距離

力学的エネルギーの公式

- □ 運動エネルギー$K=\left[\frac{1}{2}mv^2\right]$

K〔J〕：運動エネルギー、m〔kg〕：質量、v〔m/s〕：速度

- □ 重力による位置エネルギー$U=[mgh]$

U〔J〕：重力による位置エネルギー、m〔kg〕：質量、g〔m/s²〕：重力加速度、h〔m〕：基準水平面からの高さ

- □ 弾性力による位置エネルギー$U=\left[\frac{1}{2}kx^2\right]$

U〔J〕：弾性力による位置エネルギー、k〔N/m〕：ばね定数、x〔m〕：自然の長さからの伸び（縮み）

プラス1

（例）ばね定数500N/mのばねがある。自然長から10cm伸ばすのに必要な仕事量は何Jか、次から選べ。

ア　1J　　イ　0.1J　　ウ　2.5J

[ウ]

例　4.0Ωの抵抗に12Vの電圧をかけたら、流れる電流はいくらか。

オームの法則$I=\dfrac{V}{R}$より、

$I=\dfrac{[12]}{[4.0]}=[3.0]$

[3.0] A

例　下の回路で、各抵抗にかかる電圧と各抵抗に流れる電流を求めよ。

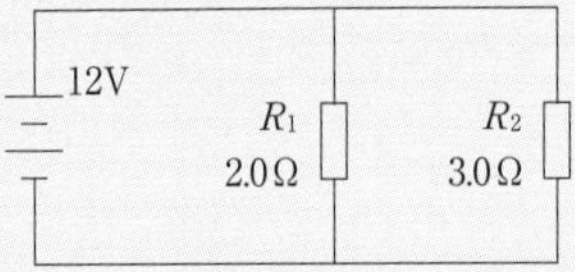

※並列接続では各抵抗にかかる電圧は等しい。

$V_1=V_2=V=$ [12]〔V〕

R_1に流れる電流$=\dfrac{V_1}{R_1}=\dfrac{[12]}{2.0}=$ [6.0]〔A〕

R_2に流れる電流$=\dfrac{V_2}{R_2}=\dfrac{[12]}{3.0}=$ [4.0]〔A〕

電流と抵抗

□オームの法則

I=電流、V=電圧、R=抵抗

$I=\left[\frac{V}{R}\right]$、$V=[IR]$、$R=\left[\frac{V}{I}\right]$

□直列接続

$[I_1]=[I_2]=[I_3]$…各抵抗に流れる電流は等しい

$V_1:V_2:V_3=[R_1:R_2:R_3]$…各抵抗にかかる電圧は抵抗に比例する

合成抵抗$R=[R_1+R_2+R_3]$

□並列接続

$[V_1]=[V_2]=[V_3]$…各抵抗にかかる電圧は等しい

$I_1:I_2:I_3=\left[\frac{1}{R_1}:\frac{1}{R_2}:\frac{1}{R_3}\right]$

…各抵抗に流れる電流は抵抗に反比例する

合成抵抗$\frac{1}{R}=\left[\frac{1}{R_1}+\frac{1}{R_2}+\frac{1}{R_3}\right]$

ジュール熱の公式

□$W=IVt=I^2Rt=\left[\frac{V^2}{R}t\right]$

W〔J〕:ジュール熱、I〔A〕:電流、V〔V〕:電圧、R〔Ω〕:抵抗、t〔s〕:時間

電力の公式

□$P=IV=I^2R=\left[\frac{V^2}{R}\right]$

P〔W〕:電力、I〔A〕:電流、V〔V〕:電圧、R〔Ω〕:抵抗

例　次のうちから、細胞の部分の名称とその特徴の組合せが正しいものを選べ。

1. 葉緑体—CO_2をとりこんでO_2を放出する
2. ミトコンドリア—分泌に関係の深い細胞小器官
3. ゴルジ体—核分裂に関係が深い
4. 中心体—酸素呼吸を営む

・[ミトコンドリア]は酸素呼吸を営む。

・[ゴルジ体]は物質の貯蔵や分泌を営む。

・[中心体]は、動物や一部の下等植物にみられる細胞小器官のひとつ。核の近くにある2個の粒子で核分裂のとき星状体や紡錘体を形成する。

[1]

例　次のうちから、ヒトの血液の成分と働きの組合せが正しいものを選べ。

1. 血しょう—血液凝固作用
2. 赤血球—CO_2、栄養分、老廃物などの運搬
3. 血小板—赤血球の運搬
4. 白血球—抗体生産による免疫作用

・[血しょう]は液体成分で、赤血球などの有形成分を運搬する。CO_2、栄養分、老廃物などの物質の運搬もする。

・[赤血球]は呼吸色素ヘモグロビンによって酸素の運搬を行う。

・[血小板]は血液凝固作用を担う。

[4]

細胞

- □**細胞の構造**●細胞＝核・細胞質・[細胞壁]（動物細胞にはない）からなる
- □[核]●染色体（DNAを含む）と核膜・核小体からなる。遺伝子の本体であるDNAを含み、その細胞の働きを支配したり、遺伝に関係する
- □[細胞質]●細胞膜・ミトコンドリア・細胞質基質・中心体（動物細胞で発達）・ゴルジ体（動物細胞で発達）・葉緑体（植物細胞のみ）・液胞（植物細胞で発達）・細胞含有物（植物細胞で発達）からなる
- □[細胞壁]●全透性の膜。動物細胞にはない
- □[ミトコンドリア]●粒状、棒状で、酸素呼吸を営む
- □[ゴルジ体]●網状で、物質の貯蔵や分泌を営む
- □[細胞膜]●細胞質表面の膜で、半透性に近く、選択的透過性を示す
- □[リソソーム]●細胞内消化を営む
- □[リボソーム]●タンパク質の合成を営む
- □[細胞質基質]●液状。タンパク質を主成分とする。さまざまな合成反応や無気呼吸を営む
- □[葉緑体]●植物体の緑色部の細胞に存在し、色素クロロフィルを含む。光合成を営む

血液と循環

- □[赤血球]●ヘモグロビンを含み、酸素を運搬する。血球中で最も数が多い
- □[白血球]●細菌や異物を消化する食作用がある
- □[血小板]●出血したときに血液を固まらせる血液凝固作用がある
- □**肺循環**●[右心室]→肺動脈→肺の毛細血管→肺静脈→[左心房]

□**体循環**●[左心室]→大動脈→全身の毛細血管→大静脈→[右心房]

□**動脈血**●[酸素]を多く含んでいる血液。鮮やかな赤色をしていて、大動脈と肺静脈中を流れる

□**静脈血**●[二酸化炭素]を多く含む血液。暗い赤色をしていて、大静脈と肺動脈中を流れる

からだ

□[酵素]●生体内で働く生体触媒。基質特異性(決まった基質にしか働かない)をもち、最適温度(30～40℃)、最適pHがある

□**デンプンの分解**●デンプン－(アミラーゼ)→麦芽糖－(マルターゼ)→ブドウ糖

□**タンパク質の分解**●タンパク質－(ペプシン)→ポリペプチド－(トリプシン)→[ペプチド]－(ペプチダーゼ)→アミノ酸

□**脂肪の分解**●脂肪－(リパーゼ)→脂肪酸＋[グリセリン](胆汁は脂肪と水を混ざりやすくするだけ)

□**栄養分の吸収**●ブドウ糖とアミノ酸は小腸の[柔毛]の毛細血管から、脂肪酸とグリセリンは小腸の[柔毛]のリンパ管から吸収される

□**肝臓の働き**●ブドウ糖などから[グリコーゲン]を合成して蓄える。胆汁を生成。熱を発生して体温を保持する。解毒作用。血液やビタミンを貯蔵する。アンモニアを尿素に変える

□**腎臓の働き**●糸球体からボーマンのうへ[タンパク質]、脂肪以外の血しょう成分をろ過する。ろ過したものを[原尿]という。[原尿]のうち、ブドウ糖や無機塩類、水は、尿細管から毛細血管へと再吸収される

感覚

- □[平衡]**感覚**●からだの傾き→前庭、からだの回転→半規管に受容細胞がある
- □**音が聞こえるしくみ**●音→鼓膜→耳小骨→うずまき管の聴細胞→[聴神経]→大脳の聴覚中枢
- □**ものが見えるしくみ**●光→角膜→[水晶体]（レンズ）→網膜の視細胞→視神経→大脳の視覚中枢
- □**大脳を中枢とする反応**●刺激→感覚器→[感覚]神経→大脳→運動神経→筋肉
- □[反射]●意識とは無関係に起こる反応。脊髄や延髄などが中枢となる

遺伝

- □[顕性（優性）]**の法則**●両親から受け継いだ対立形質のうち、顕性（優性）の形質のみが子に現れる
- □[分離]**の法則**●配偶子形成において、対立遺伝子は分離して別々に伝えられる
- □[独立]**の法則**●配偶子形成において、２組以上の対立遺伝子はたがいに独立して伝えられる
- □**血液型と遺伝子型**●A型；AA、[AO]　B型；BB、[BO]　AB型；AB　O型；OO
- □[伴性]**遺伝**●遺伝子が性染色体に含まれ、性によって形質の伝わり方が異なる遺伝現象。ヒトの赤緑色覚障害や血友病、三毛猫の雌雄の発生率の差など

その他

- □[フェロモン]●動物体内でつくられ、体外に分泌されて、同種の個体間の情報伝達に役立つ物質
- □[自律神経系]●交感神経と副交感神経とがあり、た

がいに拮抗している

□[アドレナリン]●交感神経の働きを促進する

□[インスリン]●血糖値を低下させる。欠乏すると糖尿病になる

□[ホメオスタシス(恒常性)]●生物体が、外部環境に関係なく、体温や血糖値などの生体内環境を一定に保つこと、また、そのしくみ。自律神経系と内分泌系の働きによるところが大きい

生態

□[生態系]●その地域に生息する生物群集と、それを取り巻く無機的環境をひとつのまとまりとしてとらえたもの。海洋、河川、湖沼、森林、草原、砂漠など

□[遷移]●時間の経過により一定の場所の生物群集が変わっていくこと。主に植物についていい、最終的に極相に至る

□[生物濃縮]●生物体で分解や排出されない物質が体内に蓄積され、食物連鎖の上位の消費者ほど高濃度になっていくこと

進化

□[先カンブリア時代]●藻類、海産無脊椎動物が出現

□[古生代]●オゾン層の形成が進み、生物が陸上に進出。植物は藻類→コケ類・シダ類→木本シダ植物・シダ種子植物。動物は三葉虫→両生類→爬虫類・紡錘虫(フズリナ)

□[中生代]●植物は裸子植物→被子植物、動物はアンモナイト・恐竜・始祖鳥

□[新生代]●被子植物・哺乳類

生物学史

□1628年●血液循環を証明。by[ハーベイ](英)

□1665年●細胞の発見。by[フック](英)

□1796年●ワクチン、種痘法が初めて用いられる。by[ジェンナー](英)

□1859年●『種の起源』を著す。by[ダーウィン](英)

□1865年●遺伝の法則を発見。by[メンデル](オーストリア)

□1882年●結核菌を発見。by[コッホ](独)

□1883年●コレラ菌を発見。by[コッホ](独)

□1883年●白血球による細菌などの食作用を発見。by[メチニコフ](露)

□1889年●破傷風菌の純粋培養に成功。by[北里柴三郎](日)

□1898年●赤痢菌を発見。by[志賀潔](日)

□1901年●ABO式血液型を発見。by[ラントシュタイナー](オーストリア)

□1929年●ペニシリンを発見。by[フレミング](英)

□1944年●ストレプトマイシン(結核の治療薬)を発見。by[ワクスマン](米)

□1953年●DNAの化学構造解明、分子構造模型を発表。by[ワトソン](米)、[クリック](英)

□1962年●『沈黙の春』を著し農薬禍を警告。by[カーソン](米)

□1996年●クローン羊の作製成功。by[ウィルマット](英)ら

□2003年●ヒトゲノムの解読完了。by[日]米欧などの国際チーム

□2006年●人工多能性幹細胞(iPS細胞)の作製に成功。by[山中伸弥](日)

例　次の惑星とその特徴の組合せとして、正しいものを選べ。

1. 水星—小型で高密度の木星型惑星
2. 土星—大型で低密度の木星型惑星
3. 海王星—地球型惑星で青色の惑星
4. 火星—小型で高密度、地球と兄弟星

・[水星]は小型で高密度だが、木星型惑星ではない。

・[海王星]は大型で低密度の木星型惑星(最近では天王星型惑星への分類が一般的になってきている)。

・[火星]は小型で高密度だが、地球と兄弟星ではない。地球と兄弟星なのは[金星]。

[2]

例　次の記述のうち、誤っているものを選べ。

1. 地震のときP波が先に到達するのは、震源でP波が先に発生するからである。
2. P波は地殻、マントル、核を伝わるが、S波は核を伝わらない。
3. 地球の核は流体で、P波は速度の遅い層のほうに曲げられるために、地震波の影が生じる。
4. P波は波の進行方向に振動し、S波は進行方向に対して垂直に振動する。

・震源でP波とS波は同時に発生する。[P]波のほうが先に到着するのは[P]波のほうが伝わる速度が大きいから。

[1]

惑星・大気・地震など

- □**太陽系の惑星**●太陽に近い順に、[水星]→[金星]→[地球]→[火星]→[木星]→[土星]→[天王星]→[海王星]
- □**太陽の半径**●約[70]万km(地球の約109倍)
- □**月の半径**●約[1740]km(地球の約4分の1)
- □**月の満ち欠けの周期**●満月から次の満月まで[29.5]日
- □**地軸の傾き**●公転面に対して約[66.6°](公転面に垂直な方向から約23.4°)傾いている
- □**季節の星座**●春;[しし]座、夏;[さそり]座、秋;[ペガスス]座、冬;[オリオン]座
- □**星が同じ位置に見える時刻**●1日に約[4]分ずつ早くなる。1カ月で約[2]時間早くなる
- □**明けの明星**●日の出前、[東]の空に見える金星
- □**宵の明星**●日没後、[西]の空に見える金星
- □**1気圧**●1気圧＝[1013]hPa＝[760]mmHg
- □**高度と気圧**●[10]m高くなるごとに約[1.2]hPaずつ低くなる
- □**温帯低気圧の移動**●普通、[西]から[東]へ移動する。それに伴い天気も[西]から[東]に変化する
- □**冬の気圧配置**●[西高東低]型(西に高気圧、東に低気圧)
- □**夏の気圧配置**●[南高北低]型(南に高気圧、北に低気圧)
- □**震度**●地震の[揺れ]の大きさを表す。[10]段階に分けられる
- □**マグニチュード**●地震の[規模]を表す。マグニチュードが1増えると地震のエネルギーは約32倍
- □[活断層]●最近数十万年間に繰り返し地震が起こった断層で今後も地震が起こると考えられているもの

□[プレートテクトニクス]●地球の表面を覆っているプレートが動くために地震の発生や一部の火山の噴火、大山脈、海溝の形成などが起こるとする説

□**地質時代**●[先カンブリア時代]→[古生代]→[中生代]→[新生代](中期更新世は[チバニアン])

□[地球温暖化]●二酸化炭素など温室効果ガスの増加により、地球表面の気温が高まり、自然や生活環境に各種の悪影響が生じる現象

□[環境ホルモン]●内分泌攪乱物質のこと。生体のホルモンバランスを狂わせてさまざまな悪影響を及ぼす化学物質。ダイオキシンなど約70種類が特定

□[酸性雨]●pH値が5.6以下の降水で酸性が強い。化石燃料から生じる硫黄酸化物・窒素酸化物が原因。湖沼・土壌の酸性化や森林の枯死などをもたらす

□[フロン類]●塩素化、フッ素化されたメタンやエタン。冷蔵庫・クーラーなどの冷媒、スプレー等に用いられたが、大気中に放出されるとオゾン層を破壊し有害紫外線を増加させるとして規制対象に。代替フロンも段階的削減が決まっている

環境問題にかかわる条約など

□[ワシントン]**条約**●絶滅のおそれのある野生動植物の国際取引に関する条約で1973年にワシントンで採択された

□[ラムサール]**条約**●水鳥の生息地として国際的に重要な湿地の保護に関する条約で、1971年にイランのラムサールで採択された

□[バーゼル]**条約**●有害廃棄物の国境を越える移動及びその処分の規制に関する条約で、1989年にスイスのバーゼルで採択された

□[世界遺産]**条約**●世界の文化遺産及び自然遺産の保

護に関する条約で1972年に採択

□[地球サミット]●1992年リオデジャネイロで開催された環境と開発に関する国連会議。会議の成果として環境と開発に関するリオ宣言、その諸原則実行のための行動計画「アジェンダ21」などを採択

□[国連気候変動枠組条約]●1992年に地球サミットで調印、94年に発効した、二酸化炭素など温室効果ガス排出抑制のための条約

□[京都議定書]●1997年京都で採択された温室効果ガスの排出量削減目標を定めたもの。当初の約束期間は2012年までだったが、20年まで延長(延長後の第2約束期間に日本は参加せず)

□[パリ協定]●京都議定書以来の温暖化防止の国際的枠組。2015年のCOP21で採択。20年以降の地球温暖化対策を定める。21年のCOP26の[グラスゴー気候合意]で協定の実施指針が合意、完全運用に至った→その他の合意内容はp.25

宇宙の開拓

□**スプートニク1号**●1957年旧ソ連による人類初の[人工衛星]

□**ボストーク1号**●1961年旧ソ連のガガーリンが乗船。史上初の[有人宇宙飛行]に成功

□**アポロ11号**●1969年、初の[月面着陸]。船長[アームストロング](米)

□[アリアン・ロケット]●欧州宇宙機関開発の商業ロケット。世界の商業衛星打ち上げの約半数請負

□**米国による宇宙探査**●金星に探査機[マゼラン]、木星に[ガリレオ]など(1989年打ち上げ)

□[マーズ・パスファインダー]●1996年に打ち上げられた米国による火星探査機。探査車でデータ採集

□[国際宇宙ステーション]●米日露加と欧州宇宙機関加盟国が地上約400㎞の宇宙空間に建設した有人宇宙ステーション。2030年まで運用される予定

地理上の発見など

□[バルトロメウ・ディアス]●ポルトガル人。1488年アフリカ南端の喜望峰通過。「嵐の岬」と命名

□[クリストファー・コロンブス]●イタリア人。多数の航海を行い、まず[1492]年西インド諸島、キューバ、ハイチ到達。94年ジャマイカ到達。98年南米北部到達。1502年中央アメリカ到達

□[ヴァスコ・ダ・ガマ]●ポルトガル人。1497～99年、1502～03年喜望峰を通過しインドへ。アフリカ回りのインド航路開拓

□[アメリゴ・ヴェスプッチ]●イタリア人。コロンブスに遅れ南米沿岸を探検。アメリカは彼の名より命名

□[フェルディナンド・マゼラン]●ポルトガル人。率いる艦隊が1519～22年初の世界一周航海。南米南端[マゼラン]海峡を通過

□[間宮林蔵]●1808年樺太を探検。間宮海峡の発見

□[伊能忠敬]●計10回の測量を経て、死去後の1821年に弟子たちが日本初の実測地図作成

□**北極点到達**●1909年米国の[ピアリー]が初到達(正確には北極点まで数kmの地点)

□**南極点到達**●1911年ノルウェーの[アムンゼン]が初到達

□**無着陸大西洋横断飛行**●1927年米国の[リンドバーグ]が初めて成功

□**エヴェレスト(チョモランマ)登頂**●1953年[ヒラリー]ら英国登山隊が初めて成功

国　語

□いぎ（異議・意義・異義）
[異議]を申し立てる・参加することの[意義]・同音[異義]語

□かんしん（感心・寒心・歓心・関心）
[感心]な行い・[寒心]に堪えない・[歓心]を買う・[関心]がない

□かんしょう（鑑賞・観賞・感傷）
文学[鑑賞]・植物を[観賞]する・[感傷]的になる

□きょうこう（強行・強硬）
雨でも試合を[強行]する・[強硬]な態度に驚いた

□ぐんしゅう（群衆・群集）
[群衆]は暴徒化した・[群集]心理

□こうせい（厚生・更生）
福利[厚生]・再起[更生]する

□しゅうち（周知・衆知）
[周知]の事実・[衆知]を結集する

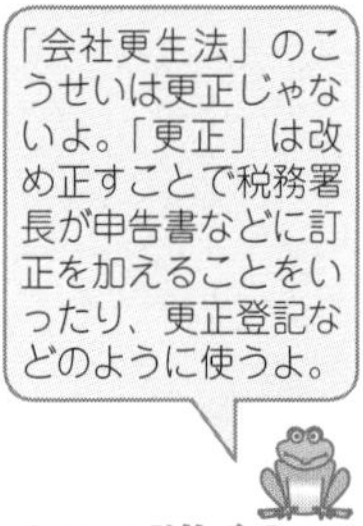

□しんにゅう（侵入・浸入・進入）
不法[侵入]の罪・雨水が[浸入]する・車両が[進入]する

□せいさん（精算・清算）
運賃の[精算]・借金の[清算]

□たいしょう（対象・対照・対称）
受賞[対象]作品・原文と[対照]する・[対称]に配置

□たいせい（体制・体勢・態勢）
反[体制]運動・[体勢]が崩れる・厳戒[態勢]

□ついきゅう（追求・追究・追及）
最大利益の[追求]・学問の[追究]・余罪の[追及]

□てきかく（的確・適格）
[的確]な判断を下す・彼はこの仕事に[適格]だ

□ほしょう（保証・保障・補償）
身元を[保証]する・人権の[保障]・損害を[補償]する

□さいけつ（採決・裁決）
議案が強行[採決]された・指導者の[裁決]を仰ぐ

□**あける**（開ける・空ける・明ける）
ドアを[開]ける・席を[空]ける・年が[明]ける

□**あやまる**（誤る・謝る）
運転を[誤]る・失言を[謝]る

□**あらわす**（表す・現す・著す）
喜びを[表]す・本性を[現]す・書物を[著]す

□**いたむ**（痛む・傷む・悼む）
腹が[痛]む・野菜が[傷]む・故人を[悼]む

□**おかす**（犯す・侵す・冒す）
規則を[犯]す・国境を[侵]す・危険を[冒]す

□**おさまる**（治まる・収まる・修まる・納まる）
痛みが[治]まる・争いが[収]まる・素行が[修]まる・品物が[納]まる

□**かえる**（変える・代える・換える・替える）
視点を[変]える・命に[代]える・電池を[換]える・選手を[替]える

「訪ねる」は訪問、「尋ねる」は尋問とイメージしておけばいいね。

□**たずねる**（訪ねる・尋ねる）
旧友を[訪]ねる・道を[尋]ねる

□**たつ**（絶つ・裁つ・断つ）
消息を[絶]つ・布を[裁]つ・未練を[断]つ

□**つく**（付く・着く・突く・就く）
色が[付]く・定刻に[着]く・槍で[突]く・職に[就]く

□**つとめる**（勤める・努める・務める）
企業に[勤]める・学問に[努]める・村長を[務]める

□**とる**（取る・撮る・採る・捕る・執る）
手に[取]る・映画を[撮]る・君の意見を[採]る・ネズミを[捕]る・事務を[執]る

□**ならう**（習う・倣う）
書道を[習]う・前例に[倣]う

□**はかる**（計る・図る・測る・謀る・量る・諮る）
時間を[計]る・推進を[図]る・面積を[測]る・暗殺を[謀]る・体重を[量]る・委員会に[諮]る

哺乳類・爬虫類・昆虫など

□栗鼠（りす）
□海豚（いるか）
□駱駝（らくだ）
□甲虫（かぶとむし）
□百足（むかで）
□土竜（もぐら）
□海豹（あざらし）
□河馬（かば）
□蜥蜴（とかげ）
□蝙蝠（こうもり）

いくつ読めたかな？ □ ／10

魚介類

□岩魚（いわな）
□蜆（しじみ）
□蛸・章魚（たこ）
□秋刀魚（さんま）
□海鼠（なまこ）
□牡蠣（かき）
□泥鰌（どじょう）
□蛤（はまぐり）
□河豚（ふぐ）
□烏賊（いか）
□海月・水母（くらげ）
□鮑・鰒（あわび）

いくつ読めたかな？ □ ／12

鳥類

□時鳥・不如帰・杜鵑・子規（ほととぎす）
□家鴨（あひる）
□軍鶏（しゃも）
□梟（ふくろう）
□鵲（かささぎ）
□鶉（うずら）
□雲雀（ひばり）
□百舌（もず）
□朱鷺（とき）
□水鶏（くいな）
□鶯（うぐいす）

いくつ読めたかな？ □ ／11

植物

□勿忘草（わすれなぐさ）
□山茶花（さざんか）
□無花果（いちじく）
□向日葵（ひまわり）
□蓬・艾（よもぎ）
□竜胆（りんどう）
□杜若・燕子花（かきつばた）
□桔梗（ききょう）
□女郎花（おみなえし）
□百日紅（さるすべり）
□蒲公英（たんぽぽ）
□落葉松（からまつ）
□紫陽花（あじさい）

□木槿（むくげ）
□土筆（つくし）
□躑躅（つつじ）
□羊歯（しだ）

いくつ読めたかな？　／17

衣食住

□袷（あわせ）
□直垂（ひたたれ）
□剃刀（かみそり）
□塩梅（あんばい）
□灰汁（あく）
□長押（なげし）
□暖簾（のれん）
□庫裏（くり）
□桟敷（さじき）
□胡座（あぐら）
□直衣（のうし）
□団扇（うちわ）
□黒子（ほくろ）
□心太（ところてん）
□三和土（たたき）
□硝子（ガラス）
□手水場（ちょうずば）
□炬燵（こたつ）
□欠伸（あくび）
□団欒（だんらん）

いくつ読めたかな？　／20

人・対人関係

□渾名・綽名（あだな）
□暢気（のんき）
□気障（きざ）
□癇癪（かんしゃく）
□贔屓（ひいき）
□剽軽（ひょうきん）
□洒落（しゃれ）
□慇懃（いんぎん）
□粗忽（そこつ）
□真摯（しんし）
□颯爽（さっそう）
□憔悴（しょうすい）
□柔和（にゅうわ）
□煩悩（ぼんのう）
□辛辣（しんらつ）
□嗚咽（おえつ）
□華奢（きゃしゃ）
□悪辣（あくらつ）
□狷介（けんかい）
□洒脱（しゃだつ）
□不憫（ふびん）
□怪訝（けげん）
□逆鱗（げきりん）
□鷹揚（おうよう）
□無垢（むく）
□老獪（ろうかい）
□懊悩（おうのう）
□猜疑（さいぎ）
□精悍（せいかん）
□倦怠（けんたい）

□無精（ぶしょう）
□木訥（ぼくとつ）
□傲慢（ごうまん）
□饒舌（じょうぜつ）
□横柄（おうへい）
□恬淡（てんたん）

いくつ読めたかな？ ／36

社会生活

□拉致（らち）
□招聘（しょうへい）
□補塡（ほてん）
□恣意（しい）
□揶揄（やゆ）
□逐次（ちくじ）
□斡旋（あっせん）
□瑕疵（かし）
□叱咤（しった）
□逝去（せいきょ）
□罷免（ひめん）
□収斂（しゅうれん）
□幇助（ほうじょ）
□傀儡（かいらい）
□更迭（こうてつ）
□夭折（ようせつ）
□矜持・矜恃（きょうじ）
□正鵠（せいこく）
□遊説（ゆうぜい）
□教唆（きょうさ）
□冤罪（えんざい）
□反故・反古（ほご）
□軋轢（あつれき）
□拘泥（こうでい）

いくつ読めたかな？ ／24

旧国名

□上野（こうずけ）／群馬
□上総（かずさ）／千葉
□常陸（ひたち）／茨城
□美作（みまさか）／岡山
□伯耆（ほうき）／鳥取
□下野（しもつけ）／栃木
□下総（しもうさ）／千葉ほか
□遠江（とおとうみ）／静岡
□石見（いわみ）／島根
□周防（すおう）／山口

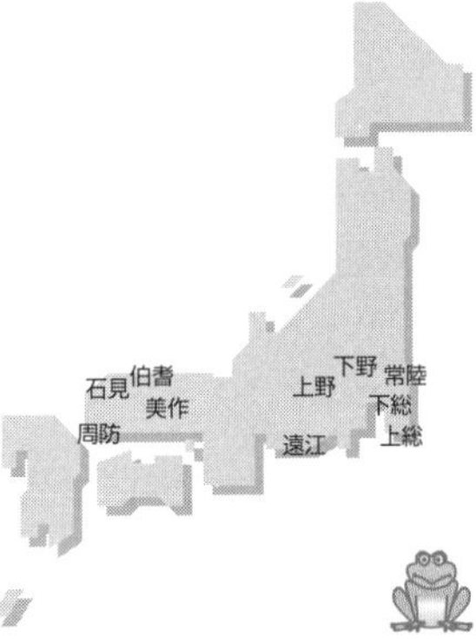

いくつ読めたかな？ ／10

自然事象

- □時化（しけ）
- □十六夜（いざよい）
- □東雲（しののめ）
- □氷柱（つらら）
- □五月雨（さみだれ）
- □陽炎（かげろう）
- □時雨（しぐれ）
- □東風（こち）
- □黄昏（たそがれ）
- □不知火（しらぬい）

いくつ読めたかな？　□／10

副詞や形容詞など

- □流石（さすが）
- □乃至（ないし）
- □畢竟（ひっきょう）
- □天晴（あっぱれ）
- □似非・似而非（えせ）
- □億劫（おっくう）
- □所詮（しょせん）
- □努々（ゆめゆめ）
- □就中（なかんずく）
- □所以（ゆえん）
- □生憎（あいにく）
- □長閑（のどか）
- □咄嗟（とっさ）
- □等閑（なおざり）
- □頗る（すこぶ）る
- □吃驚（びっくり）

いくつ読めたかな？　□／16

古典や仏教関係

- □建立（こんりゅう）
- □澪標（みおつくし）
- □東宮（とうぐう）
- □参内（さんだい）
- □衆生（しゅじょう）
- □国造（くにのみやつこ）
- □除目（じもく）
- □回向（えこう）
- □神酒・御酒（みき）
- □法度（はっと）
- □輪廻（りんね）
- □勾玉（まがたま）
- □澪・水脈（みお）
- □帰依（きえ）
- □涅槃（ねはん）
- □勤行（ごんぎょう）
- □供奉（ぐぶ）
- □荼毘（だび）
- □境内（けいだい）
- □般若（はんにゃ）

いくつ読めたかな？　□／20

「恣意」とはほしいままにする心、つまりは自分勝手な考えのこと。だから、「恣意的な解釈をする」などのように使うよ。

体に関する漢字が入る四字熟語

□異[口]同音●いくどうおん

□危機一髪●[ききいっぱつ]

□厚顔無[恥]●こうがんむち

□首尾一貫●[しゅびいっかん]

□粉骨砕身●[ふんこつさいしん]

□抱(捧)腹絶[倒]●ほうふくぜっとう

「危機一髪」は、危機が髪の毛一本ほどの所まで迫ってくること。「間、髪(はつ)を容れず」は、とっさに、という意味。

数が入る四字熟語（1）

□百[家]争鳴●ひゃっかそうめい・学者や批評家が各々の立場から自由に論争すること

□百[花]繚乱●ひゃっかりょうらん・種々の花が色とりどりに咲き乱れるさま。また、優れた芸術や学問、人物などが一時に多く現れること

□一騎当[千]●いっきとうせん・一人で千人に立ち向かう力があること

□五里[霧]中●ごりむちゅう

□千[載]一遇●せんざいいちぐう・千年に一度しかあわないような滅多にない機会

数が入る四字熟語（2）

□[朝]三暮四●ちょうさんぼし・目の前の差にとらわれて結果が同じことに気づかないこと。また、言葉巧みに人を騙すこと

□三寒四温●[さんかんしおん]・冬に寒暖が交互に現れる季候。また、そうして次第に春が近づいてくること

□一[攫]千金●いっかくせんきん・一度に大金を手に入れること。また、少しの労で大もうけすること

□一[蓮]托生●いちれんたくしょう・仲間と行動や運命をともにすること

□四面楚歌●[しめんそか]・周囲がすべて敵で孤立すること

□一網打[尽]●いちもうだじん

□一日千秋●[いちじつ（いちにち）せんしゅう]

□**岡(傍)目八目**●[おかめはちもく]・第三者のほうが当事者より物事がよくつかめること

□**八面六臂**●[はちめんろっぴ]・一人で何人分もの活躍をすること。また、多方面にわたり活躍すること

□**七転(顛)八倒**●[しちてんばっとう]

□**一触即発**●[いっしょくそくはつ]

□**一気**[呵]**成**●いっきかせい・一息に作り上げること

同じ漢字が入る四字熟語

□**虚虚実実**●[きょきょじつじつ]・お互い計略などを尽くして戦うさま

□**是是非非**●[ぜぜひひ]・公正な立場に立ち、よいことはよい、悪いことは悪いと認めること

□**徹頭徹尾**●[てっとうてつび]・最初から最後まで

□**絶**[体]**絶命**●ぜったいぜつめい

□**不**[即]**不離**●ふそくふり・つかず離れずの状態

□**不撓不屈**●[ふとうふくつ]・困難にひるまないこと

□**一**[期]**一会**●いちごいちえ

□**一朝一**[夕]●いっちょういっせき・非常に短い時間

動物に関する漢字が入る四字熟語

□[馬]**耳東風**●ばじとうふう・他人の意見や批評をまったく気にかけずに聞き流すこと

□**竜頭蛇尾**●[りゅうとうだび]・勢いがよいのははじめだけで、終わりは振るわないこと

□[羊]**頭狗肉**●ようとうくにく・見かけや宣伝が立派でも中身が伴っていないこと

□[猪]**突猛進**●ちょとつもうしん

自然に関する四字熟語

□**山**[紫]**水明**●さんしすいめい・山や川などの風景が美しく澄んでいること

□**風光明**[媚]●ふうこうめいび・自然の景色が清らかで美しいこと

□[森]**羅万象**●しんらばんしょう

人柄や性質を表す四字熟語

□**外柔内剛**●[がいじゅうないごう]・外見はものやわらかだが中身はしっかりしていること

□**質実剛**[健]●しつじつごうけん

□**天衣無**[縫]●てんいむほう・無邪気で純真な人柄。また、詩文などが技巧を施しておらず完全で美しいこと

□**天真爛漫**●[てんしんらんまん]

□**博覧強**[記]●はくらんきょうき・広く書物を読みさまざまなことを記憶していること

□**唯我独尊**●[ゆいがどくそん]

□**優柔不断**●[ゆうじゅうふだん]

人の態度・行動に関する四字熟語

□**意気**[軒]**昂**●いきけんこう・元気いっぱいの様子

□[暗]**中模索**●あんちゅうもさく

□**我田引水**●[がでんいんすい]・自分の都合のよいように物事を言ったり取り計らったりすること

□**快刀乱**[麻]●かいとうらんま・複雑な問題を手際よく処理し解決すること

□[付・附]**和雷同**●ふわらいどう・考えがしっかりしておらず、他人の意見にむやみに同調すること

□[夜]**郎自大**●やろうじだい・自分の力量をわきまえずに威張ること

□**当意即妙**●[とういそくみょう]

□[泰]**然自若**●たいぜんじじゃく

□**大**[胆]**不敵**●だいたんふてき

□**傍若**[無]**人**●ぼうじゃくぶじん

□**融通無碍**●[ゆうずうむげ]・思考や行動が先入観などに左右されることなく自由であること

□**東奔西走**●[とうほんせいそう]

政治に関する四字熟語

□**遠交近攻**●[えんこうきんこう]・遠くの国と和し、近くの国を攻めること

□[信]賞必罰●しんしょうひつばつ・賞罰のけじめを厳格に行うこと

□朝令[暮]改●ちょうれいぼかい・法令や命令などが次々に変わってしまい一定しないこと

□内憂外患●[ないゆうがいかん]

世の中に関する四字熟語

□[有]為転変●ういてんぺん・この世の出来事は絶えず移り変わり、とどまることがない無常ではかないものということ

□雲散[霧]消●うんさんむしょう・事物が跡形もなく消えてしまうこと

□栄[枯]盛衰●えいこせいすい

□盛者必[衰]●じょうしゃひっすい

□諸行無常●[しょぎょうむじょう]

その他の四字熟語

□隔[靴]掻痒●かっかそうよう・思い通りにならずもどかしいこと

□夏炉冬[扇]●かろとうせん・役に立たない無用のもの

□玉石混[淆]●ぎょくせきこんこう・優れたものと劣ったものが入り交じっていること

「かろとうせん」は、夏に暖房はいらない、冬に冷房はいらないということだよ。ちなみに「六日の菖蒲、十日の菊」は節句の翌日の菖蒲や菊は時期はずれ、あるいは大事なものが間に合わないことをいうね。

□荒[唐]無稽●こうとうむけい・考えや言うことに根拠がなく、でたらめでとりとめのないこと

□枝葉末節●[しようまっせつ]・本質からはずれた、重要ではない瑣末なもの

□周章狼狽●[しゅうしょうろうばい]・うろたえ騒ぐこと、あわてふためくこと

□本末転倒●[ほんまつてんとう]・重要なこととつまらないことを取り違えること

□無我[夢]中●むがむちゅう

□[羹《あつもの》]に懲《こ》りて[膾《なます》]を吹《ふ》く●失敗に懲りて次からしなくてもいいものにまで用心をするようになること

□[管鮑《かんぽう》]の交《まじ》わり●変わることのない友情のたとえ

□[木《き》]に縁《よ》りて[魚《うお》]を求《もと》む●手段が誤っているため目的が達成されないたとえ

□[鶏口《けいこう》]となるも[牛後《ぎゅうご》]となるなかれ●大きな集団で人の配下につくよりは、小さな集団であっても長となるほうがよいというたとえ

□[捲土《けんど》]重来《ちょうらい》●敗者が再び勢いを盛り返して猛烈に巻き返してくること。「じゅうらい」とも読む

□[後生《こうせい》]畏《おそ》るべし●若者は努力次第でどれほどの力を発揮するか計り知れず侮れないということ

□[一炊《いっすい》]の夢《ゆめ》●人生の栄枯盛衰ははかないということ

□臥薪《がしん》[嘗胆《しょうたん》]●目的達成のために長く苦労を重ねること

□[鼎《かなえ》]の軽重《けいちょう》を問《と》う●統治者の能力を軽視し自分が支配者になろうと野心をもつこと。また、人の実力を疑って軽視すること

□画竜点睛《がりょうてんせい》を[欠《か》く]●最後の肝心な点が欠けていること

□[換骨《かんこつ》]奪胎《だったい》●古人の詩文・発想・表現などを取り入れつつ独自のものに仕立てること

□[杞《き》]憂《ゆう》●よけいな心配をすること

□曲学《きょくがく》[阿世《あせい》]●真理を曲げて権力者や世間にこびへつらうこと

□[漁夫《ぎょふ》(父)]の利《り》●第三者が利益を横取りすること

□[呉越《ごえつ》]同舟《どうしゅう》●仲の悪い者同士が同じ場所に居合わせること。また、共通の困難に対しては協力すること

□[鼓腹《こふく》]撃壌《げきじょう》●天下がよく治まっていて人民が平和な生活を楽しむさま

□塞翁《さいおう》が[馬《うま》]●人生の吉凶禍福は予想できないものだということ

□大器《たいき》[晩成《ばんせい》]●大人物は大成するのに時間がかかるということ

□多岐《たき》[亡羊《ぼうよう》]●方針が多く、どれをとってよいか思案に暮れること

□泣《な》いて[馬謖《ばしょく》]を斬《き》る●私情に左右されずに法を遵守すること

□[刎頸《ふんけい》]の交《まじ》わり●首をはねられても悔いはないというほど親しい交際、交友関係のこと

□病《やまい》[膏肓《こうこう》]に入《い》る●不治の病にかかること。また、病気や道楽・趣味などにどうにもならないほど深入りしたさま

□[守株《しゅしゅ》]●古い習慣にとらわれて融通のきかないこと

□[水魚《すいぎょ》]の交《まじ》わり●極めて親密な友情や交際のこと

□他山《たざん》の[石《いし》]●他人のよくない言行を、自己研鑽に生かすこと

□[知《ち》]音《いん》●心を理解し合っている親友のこと

□蟷螂《とうろう》の[斧《おの》]●無謀にも、身のほど知らずに強いものへ立ち向かうこと

□[白《はく》]眉《び》●多くの中で最も優れた人物のこと

□髀《ひ》(脾)肉《にく》の[嘆《たん》]●名を上げる機会がないのを嘆くこと

□[覆水《ふくすい》]盆《ぼん》に返《かえ》らず●一度してしまった失敗は取り返しがつかないこと

□李下《りか》に[冠《かんむり》]を正《ただ》さず●人に疑われるようなことはすべきでないということ

一炊の夢

「一炊の夢」は「盧生《ろせい》の夢」とも「邯鄲《かんたん》の夢」ともいう。これは、中国の唐の青年「盧生」が邯鄲に宿をとったときのエピソードがもととなっているからだ。青年は偶然出会った仙人に不思議なまくらを借りた。そのまくらで寝てみると富貴を極めて生涯を終える夢を見た。夢から覚めてみると、寝る前に炊いていた黄粱（オオアワのこと）がまだ炊けていなかったそうな。ここから人生の栄枯盛衰のはかなさを「一炊の夢」というようになったんだ。

杞憂

昔、杞の国のある者が「天が崩れ落ちてきたらどうしようか」と心配していたそうな。そこから、取り越し苦労のことを「杞」の国の者の「憂い」ということで杞憂というんだ。

李下に冠を正さず

スモモの木の下で冠を直そうと手を伸ばすと、スモモを盗もうとしていると疑われてもしかたないということだね。

□雨《あま》だれ[石《いし》]をうがつ●力不足でも根気よく努めれば最終的には成功することのたとえ

□待《ま》てば[海路《かいろ》]の日和《ひより》あり●じっくりと待っていれば必ず幸運な機会が巡ってくるということ

□言《い》わぬが[花《はな》]●何から何まで口に出すより言わないほうがかえってよいということ

□[亀《かめ》]の甲《こう》より[年《とし》]の功●年長者の経験は尊ぶべきものだということ

□[長《なが》い]ものには巻《ま》かれろ●勝てない相手には反抗せず従ったほうがよいということ

□泣《な》く子《こ》と[地頭《じとう》]には勝《か》てぬ●権力のあるものには無理を言われても従うのが賢明であるということ

□[情《なさ》け]は人《ひと》のためならず●他人に情けをかけておけば、めぐりめぐって自分によい報いが返ってくること

□人《ひと》を呪《のろ》わば[穴《あな》]二《ふた》つ●人を呪うと自分も呪われる

□[紺屋《こうや》]の明後日《あさって》●当てにならない約束のこと

□[蛙《かえる》]の面《つら》に水《みず》●どんな仕打ちにも、またきつく忠告しても、けろりとしている厚かましく恥知らずな様子

□枯《か》れ木《き》も山《やま》の[にぎわい]●つまらないものでもないよりはましということ

□多芸《たげい》は[無芸《むげい》]●諸方面に優れていることは専門といえる傑出した面がないということ

□糠《ぬか》に[釘《くぎ》]●いくら働きかけても手応えがないこと

□[猫《ねこ》]に小判《こばん》●価値のわからない者に貴重な物を与えても無駄になること

□[馬《うま》]の耳《みみ》に念仏《ねんぶつ》●いくら意見をしても効き目がないこと

□[馬子《まご》]にも衣装《いしょう》●身なりを整えれば誰でも立派に見えるということ

□[釈迦《しゃか》]に説法《せっぽう》●よく知り尽くしている人に素人がいいかげんなことを言う愚かさのこと

□船頭多《せんどうおお》くして船《ふね》[山《やま》]に上《のぼ》る●指図する人間が多くて物事がまとまらず見当違いのほうへ進むこと

□[豆腐《とうふ》]に鎹《かすがい》●いくら意見をしても効き目がないこと

□論語《ろんご》読《よ》みの[論語《ろんご》]知《し》らず●書物を読んでも字面の理解ばかりで実行ができないこと

□掃《は》き溜《だ》めに[鶴《つる》]●むさくるしいところへ似つかわしくない優れたものや美しいものが現れたたとえ

□[虻蜂《あぶはち》]取《と》らず●2つ同時に得ようとして両方とも取り逃がしてしまうこと

□[鳶《とんび》]に油揚《あぶらあ》げをさらわれる●苦労して手に入れたものを不意に他人に横取りされること

□泣《な》き面《つら》に[蜂《はち》]●悪いことの上にさらに悪いことが起こること

□[窮鼠《きゅうそ》]猫《ねこ》をかむ●弱者でも追いつめられて必死になると強者に勝つことがあるということ

□[紺屋《こうや》]の白袴《しろばかま》●他人のことに忙しく自分のことがおろそかになってしまうこと

□[生兵法《なまびょうほう》]は大《おお》けがのもと●なまかじりの知識や技術で知ったかぶりをすると大失敗をすること

□[前車《ぜんしゃ》]の轍《てつ》を踏《ふ》む●前の人と同じ過ちを後の者が繰り返すこと

□仏作《ほとけつく》って[魂《たましい》]入《い》れず●ほぼできあがっているが一番肝心な点が欠けていること

□仏《ほとけ》の顔《かお》も[三《さん》]度《ど》●どんなに柔和な人物でも度重なる無礼には怒りだすこと

□一寸《いっすん》の[虫《むし》]にも五分《ごぶ》の魂《たましい》●小さなものにもそれなりの意地があるということ

□生《い》き馬《うま》の[目《め》]を抜《ぬ》く●他人を出し抜き素早く利益を得ること。また、少しも油断のならないこと

□[魚《うお》]心《ごころ》あれば[水《みず》]心《ごころ》●相手の出方次第でこちらにも応じ方があるということ

□[海老《えび》]で[鯛《たい》]を釣《つ》る●わずかなものを元手に大きな利益を得ること

□[小田原《おだわら》]評定《ひょうじょう》●いつまでも相談がまとまらないこと

□風《かぜ》が吹《ふ》けば[桶屋《おけや》]が儲《もう》かる●あることが原因となり意外なところに影響が出てくること

□子《こ》は三界《さんがい》の[首《くび》かせ]●子どものために親はいつまでも苦労が絶えないこと

□雀《すずめ》[百《ひゃく》]まで踊《おど》り忘《わす》れず●幼いときに身につけた習慣は年をとっても改まらないこと

□大山鳴動《たいざんめいどう》して[鼠《ねずみ》]一匹《いっぴき》●前触れは大規模だが、たいしたことは起こらないこと

□月夜《つきよ》に[提灯《ちょうちん》]●不要で無駄なこと

□人《ひと》の[ふんどし]で相撲《すもう》をとる●他人の物を利用して自分の利益を得ること

□三《み》つ子《ご》の魂《たましい》[百《ひゃく》]まで●小さい頃の性格は年をとっても変わらないこと

□[餅《もち》]は餅屋《もちや》●何事にも専門家がいるということ

□案《あん》ずるより産《う》むが[易《やす》し]●結果を心配するよりも実行してみれば案外うまくいくということ

□[鰯《いわし》]の頭《あたま》も信心《しんじん》から●信心すればつまらないものもありがたく見えること

□[清水《きよみず》]の舞台《ぶたい》から飛《と》び下《お》りる●危険を顧みず思い切って実行すること

□弘法《こうぼう》[筆《ふで》]を選《えら》ばず●本当に物事に巧みな人は道具や材料にこだわらないこと

□[帯《おび》]に短《みじか》し[たすき]に長《なが》し●中途半端でどちらの役にも立たないこと

□[河童《かっぱ》]の川流《かわなが》れ●名人や達人であってもたまには失敗することがあるということ

□火中《かちゅう》の[栗《くり》]を拾《ひろ》う●他人の利益のために危険を冒すこと

「風が吹けば桶屋が儲かる」とは、大風が吹いて砂埃が舞う→砂埃で眼を病む人が増えて失明する人も増える→失明した人は三味線を習うことが多かったことから猫の皮の需要が増える→猫が殺されて鼠が増える→鼠が桶をかじるから桶屋が儲かる、という具合だ。

数を使った慣用句

□[二《に》]の足《あし》を踏《ふ》む●尻込みすること

□[二《に》]の舞《まい》●人の失敗をもう一度繰り返すこと

□[四《よ》]つに組《く》む●双方が全力で堂々と正面から戦うこと

□[八《はっ》]方破《ぼうやぶ》れ●隙だらけのさま

体に関する字を使った慣用句

□顎《あご》で[使《つか》う]●横柄な態度で人をこき使うこと

□顎《あご》が[はずれる]●おかしくて笑いが止められないほど大笑いするさま

□顎《あご》を[出《だ》す]●ひどく疲れる

□足《あし》が[つく]●逃げたものの足取りや行方がわかること。また、誰の犯行か露見すること

□足《あし》が[早《はや》い]●売れ行きがよい、または腐りやすい

□足《あし》が[重《おも》い]●行かなければいけないと思いながらも気が進まないさま

□足《あし》が[棒《ぼう》]になる●足が疲れて思うように動かなくなる

□足《あし》を[奪《うば》われる]●交通機関が利用できなくなる

□足《あし》を[すくう]●隙をねらい失脚させる

□足《あし》を[引《ひ》っ張《ば》る]●他人の成功や出世の邪魔だてをすること。または、特定の者が全体を不利な立場にすること

□口《くち》が[堅《かた》い]●言ってはならないことをむやみに他言しないこと

□口《くち》が[軽《かる》い]●ぺらぺらとよくしゃべること。または、言ってはいけないことまで言ってしまうこと

□口《くち》が[すべる]●うっかり言ってしまうこと

□口《くち》が[減《へ》らない]●負け惜しみや理屈を並べて言いつのること

□口《くち》も八丁《はっちょう》[手《て》]も八丁《はっちょう》●言うこともすることも達者で抜け目がないこと

□口《くち》を[ぬぐう]●悪いことをしておきながら素知らぬふりをすること

□口《くち》を[きく]●間に立って紹介や仲裁をすること

□舌《した》を[出《だ》す]●陰で人をあざけったりそしったりすること。また、自分の失敗に照れるさま

□舌《した》を[巻《ま》く]●あまりの見事さにいたく感心すること

□尻《しり》が[青《あお》い]●年が若くまだまだ経験に乏しいこと

□尻《しり》が[長《なが》い]●他人の家を訪問して長居すること

□尻《しり》に[火《ひ》]がつく●物事が非常に切迫して落ち着いていられなくなること

□尻《しり》を[まくる]●急に態度を変え、けんか腰になること

□尻《しり》が[暖《あたた》まる]●同じ場所に長い間落ち着いていること

□爪《つめ》を[研《と》ぐ]●野心を抱いて、それを成し遂げる機会をねらうこと

□手《て》が[上《あ》がる]●技量が上達すること

□手《て》に[余《あま》る]●自分の力量を超えていてもてあますこと

□手《て》を[こまぬく]●何もせずただただ傍観していること

□手《て》を[染《そ》める]●物事を実際にし始めること

□手《て》を[ぬらさず]●自分では骨折りせずによい結果を得ようとすること

□鼻《はな》が[高《たか》い]●誇らしい気持ちであること

□鼻《はな》で[あしらう]●相手をばかにして、いい加減な応対をすること

□鼻《はな》で[笑《わら》う]●相手を軽蔑したように、小ばかにして笑うこと

□鼻《はな》に[かける]●自慢して何かにつけ、得意げに振る舞うこと

□鼻《はな》に[つく]●飽き飽きして不快に感じること

□鼻《はな》[持《も》ち]ならない●言動が見え透いていて見聞きするのも我慢ならないこと

□鼻《はな》を[あかす]●出し抜いてあっと言わせること

□鼻《はな》を[折《お》る]●得意になっている相手を痛めつけ思い上がりを打ち砕くこと

□腹《はら》が[太《ふと》い]●度胸がよく思い切りがいいこと。または、度量が広く細かいことを気にかけないこと

□腹《はら》を[えぐる]●相手の意中を見通して鋭く追及すること

□へそで[茶《ちゃ》]を沸《わ》かす●ばかげていたり子どもじみた言動がおかしくて笑わずにいられない様子

□眉《まゆ》[唾《つば》]もの●真偽の疑わしいもの

□眉《まゆ》を[ひそめる]●心配事があったり不快に感じたりして顔をしかめること

□耳《みみ》に[逆《さか》らう]●（自分に対する批判などを）不愉快に感じること

動物に関する字を使った慣用句

□[鵜《う》]の目《め》[鷹《たか》]の目《め》●何かを探し出そうとして鋭い目つきであたりを見回す様子。また、そのような目つきのこと

□[馬脚《ばきゃく》]を現《あらわ》す●取り繕ってごまかしていた素性や実力のほどが露呈すること

□[鶴《つる》]の一声《ひとこえ》●その人の一言で多くの人が直ちに従うこと

その他の慣用句

□雨後《うご》の[筍《たけのこ》]●似たような物事が次々に起こること

□[うど]の大木《たいぼく》●図体だけが大きくて取り柄が何もない人

□木《き》で[鼻《はな》]をくくる●ひどく冷淡にあしらうこと

□木《き》に[竹《たけ》]を接《つ》ぐ●ちぐはぐな組合せのこと。また、前後の筋道が通らないこと

□他人《たにん》の[飯《めし》]を食《く》う●親元を離れ他人の間で生活し、実社会の経験を積むこと

□[堂《どう》]に入《い》る●そのことに十分熟達して非の打ちどころがなくなること

□昔《むかし》とった[杵柄《きねづか》]●昔、修業して鍛えた得意な技量のこと

□[無用《むよう》]の長物《ちょうぶつ》●あっても何の役にも立たずかえってじゃまなもの

□[気《き》]がおけない●気心が通じていて心から打ち解けられること

□[ミイラ]取《と》りが[ミイラ]になる●相手を説得しようと思ったほうが逆に説得されてしまうこと。また、人を連れ出しに行った者が自分までとらわれてしまうこと

下線部の漢字の使い方が適切であれば○、不適切な場合は正しく直そう。

1 □ 切端詰まった事態になっている
2 □ 穴を堀って巣を作っている
3 □ 日本の裁判員制度は、培審員制度とは異なる
4 □ 懐かしい顔ぶれが一同に会した
5 □ ご多分に漏れず私も野次馬見物をしてしまった
6 □ 社長の裁下を仰ぐ
7 □ 御頭付きの鯛を食べた
8 □ 日本の政治資金規制法は抜け道だらけさ
9 □ 絶え間ない粉争にもううんざりだ
10 □ 平行感覚をつかさどる半規管
11 □ 食料品は消費材といえる
12 □ 会社更正法の摘要を受けた
13 □ 事実上の到産だね
14 □ 検約とケチは違うよ
15 □ 大事なものだから祖雑に扱わないでくれ
16 □ あの空母はミサイルを塔載している
17 □ これは脊堆動物の標本だ
18 □ 野性動物の生態を観察する
19 □ 退路を絶たれてしまった
20 □ 今日は朝から気分爽回だ
21 □ そろそろ頭痛は収まったかな
22 □ 容疑者にことの真疑を問いただす
23 □ 将棋界の双壁が参加した
24 □ 無名の新人が首位に踊り出た
25 □ 苦渋をなめようともへこたれない
26 □ 案の上、首尾よくは行かなかった
27 □ 今後考えられるケースを網羅しておいてくれ
28 □ ものを人にたとえるのが疑人法だ
29 □ 王候貴族の贅沢ぶりは目に余る
30 □ 創造を絶する光景だった

31 □ その狐児の面倒をみよう
32 □ 幣社までは彼が案内いたします
33 □ 大泥棒が補縛された
34 □ 科学の研究は日新月歩だ
35 □ 彼は憤慨して帰ってしまった
36 □ その制度は徹廃された
37 □ スタートで遅れをとり、万事休した
38 □ 昨夜は彼の大盤振る舞いに驚いた
39 □ 総裁選の決戦投票は３日後だ

答え；
1 [切羽]、2 [掘って]、3 [陪審員]、4 [一堂]、5 [○]、6 [裁可]、7 [尾頭]、8 [規正]、9 [紛争]、10 [平衡]、11 [財]、12 [更生·適用]、13 [倒産]、14 [倹約]、15 [粗雑]、16 [搭載]、17 [脊椎]、18 [野生]、19 [断]、20 [爽快]、21 [治]、22 [真偽]、23 [双璧]、24 [躍]、25 [苦汁]、26 [定]、27 [○]、28 [擬人法]、29 [王侯]、30 [想像]、31 [孤児]、32 [弊社]、33 [捕縛]、34 [日進月歩]、35 [憤慨]、36 [撤廃]、37 [後れ]、38 [○]、39 [決選]

いくつできたかな？　　　／39

古典知識

●月の異名

睦月（１月）、[如月《きさらぎ》]（２月）、[弥生《やよい》]（３月）、卯月（４月）、[皐月《さつき》]（５月）、水無月（６月）、文月（７月）、[葉月]（８月）、長月（９月）、神無月（10月）、霜月（11月）、[師走《しわす》]（12月）

●二十四節気　※（　）内は太陽暦のおよその月日

[立春]（2月4日）、雨水、[啓蟄《けいちつ》]（3月6日）、[春分]（3月21日）、清明、穀雨、[立夏]（5月6日）、小満、芒種、[夏至]（6月21日）、小暑、大暑、[立秋]（8月8日）、処暑、白露、[秋分]（9月23日）、寒露、霜降、[立冬]（11月8日）、小雪、大雪、[冬至]（12月22日）、小寒、[大寒]（1月20日）

□日本三景●[松島]、[厳島《いつくしま》]、[天橋立]

□三代集●『古今和歌集』『後撰和歌集』『拾遺和歌集』

□三筆●[嵯峨天皇]、[橘逸勢《はやなり》]、[空海]

□三蹟●[小野道風]、[藤原佐理]、[藤原行成]

□三社●[伊勢神宮]、[賀茂神社]、[石清水八幡宮]

□三界（＝三世）●[過去]、[現在]、[未来]

□三船（＝三舟、三席）●[漢詩]、[和歌]、[管弦]

□三夕の歌●『新古今和歌集』（巻四秋歌上）

心なき身にもあはれは知られけり
鴫《しぎ》立つ沢の秋の夕暮（西行）
見渡せば花も紅葉もなかりけり
浦の苫屋の秋の夕暮（定家）
寂しさはその色としもなかりけり
槇《まき》立つ山の秋の夕暮（寂蓮）

□四鏡●『大鏡』『今鏡』『水鏡』『増鏡』

□四書●『大学』『中庸』『論語』『孟子』

□五街道●[東海道]、[中山道]、[日光街道]、[奥州街道]、[甲州街道]

□五畿●[大和]、[山城]、[河内]、[和泉]、[摂津]

□五経●『易経』『詩経』『書経』『礼記』『春秋』

□五行●[木]、[火]、[土]、[金]、[水]

□五穀●[米]、[麦]、[粟]、[黍《きび》]（または稗《ひえ》）、[豆]

□京都五山●[天龍寺]、[相国寺]、[建仁寺]、[東福寺]、[万寿寺]

□鎌倉五山●[建長寺]、[円覚寺]、[寿福寺]、[浄智寺]、[浄妙寺]

□五節会●[元日]、[白馬《あおうま》]（1月7日）、[踏歌《とうか》]（1月14日・16日）、[端午]（5月5日）、[豊明《とよのあかり》]（11月新嘗祭《にいなめさい》の翌日）

□五節句●[人日《じんじつ》]（1月7日）、[上巳《じょうし》]（3月3日）、[端午]（5月5日）、[七夕《しちせき》]（7月7日）、[重陽]（9月9日）

□六歌仙●[僧正遍昭]、[在原業平]、[文屋康秀]、[喜撰法師]、[小野小町]、[大伴黒主]

□六書●[象形]、[指事]、[会意]、[形声]、[転注]、[仮借《かしゃ》]

□七福神●[大黒天]、[恵比須]、[毘沙門天]、[弁財天]、[福禄寿]、[寿老人]、[布袋《ほてい》]

□春の七草●[せり]、[なずな]、[ごぎょう](ははこぐさ)、[はこべら]、[ほとけのざ]、[すずな](かぶ)、[すずしろ](大根)

□秋の七草●[萩]、[尾花](すすき)、[葛《くず》]、[撫子《なでしこ》]、[女郎花《おみなえし》]、[藤袴]、[朝顔](今の桔梗《ききょう》)

□八代集●『古今和歌集』『後撰和歌集』『拾遺和歌集』『後拾遺和歌集』『金葉和歌集』『詞花和歌集』『千載和歌集』『新古今和歌集』

□十干●[甲](きのえ)、[乙](きのと)、[丙](ひのえ)、[丁](ひのと)、[戊](つちのえ)、[己](つちのと)、[庚](かのえ)、[辛](かのと)、[壬](みずのえ)、[癸](みずのと)

□十二支●[子]、[丑]、[寅]、[卯]、[辰]、[巳]、[午]、[未]、[申]、[酉]、[戌]、[亥]

●単位呼称（古典）

行灯《あんどん》、提灯、弓、蚊帳《かや》、簾《すだれ》、太鼓、鼓→一張《ひとはり》、二張…

歌合、謡曲、能→一番、二番…

川柳、俳句→一句、二句…

硯、琵琶、鏡、琴→一面、二面…

櫛→一枚、二枚…

衣服→一重《ひとかさね》、二重… or 一領《いちりょう》、二領…

矢→一筋《ひとすじ》、二筋… or 一条、二条… or 一把、二把…

●季語

新年→初鴉、若菜

春→鶯、蛙、雀の子、田螺《たにし》、雲雀《ひばり》、山吹、猫柳、菜の花

夏→雨蛙、鮎、蝸牛《かたつむり》、閑古鳥、水鶏《くいな》、初鰹、時鳥《ほととぎす》、筍、杜若《かきつばた》、葉桜、花菖蒲、牡丹

秋→鶉《うずら》、雁、鰯《いわし》、鶏頭、芭蕉、糸瓜《へちま》

冬→河豚《ふぐ》、鴨、枯尾花、水仙、山茶花《さざんか》

次の下線部が正しければ○、誤っていれば正しく直しなさい。

□ 父は家にずっといらっしゃいました

[おりました／いました]

□ 恩師からの手紙を見まして大変感動しました

[拝見しまして]

□ 明日は、こちらから行きますのでお気遣いなく…

[参ります／伺います]

□ 母は来月には旅先から帰ってきます　[参ります]

□ どうぞ、食べてください　[召し上がって]

□ 妹の絵をごらんになってください　[○]

□ 午後、お宅に伺います　[○]

□ 父はあなたのことをご存じないようでした

[存じ上げない]

□ 自分を褒めてあげたいです　[褒めてやりたい]

□ お降りの方はございませんか　[いらっしゃいませんか]

□ お求めやすい価格になっております

[お求めになりやすい]

いくつできたかな？　□ ／11

次の下線部で、意味・用法が他と違うものを選びなさい。

□ 彼女が昨日私の家に来たらしい
いかにも日本人らしい仕草が印象に残った
窓ガラスを割ったのは弟らしい
あそこにいる人はどうもイギリス人らしい

[日本人らしい…接尾語、ほかは推定の助動詞]

□ 隣人に助けられる
これは生のままで食べられる
母にしかられる
庭に木が植えられる

[食べられる…可能の意味、ほかは受け身]

いくつできたかな？　□ ／2

英　語

進歩	[advance]	progress
証拠	[evidence]	proof
奇妙な	[strange]	odd
設立	[establishment]	foundation
提案	[proposal]	suggestion
景観	[scenery]	landscape
より優れた	[superior]	better
原子力の	[nuclear]	atomic
莫大な	[huge]	enormous／vast／tremendous
特別の	[special]	particular
建造物	[building]	structure
試み	[try]	attempt
手段、方法	[means]	way／method
チャンス	[opportunity]	occasion／chance
職業	[career]	job／profession
十分な	[sufficient]	enough／adequate
現在の	[current]	present／existing
本物の	[genuine]	real
商取引	[commerce]	business
内密の	[confidential]	secret
主題	[theme]	subject／point／topic
道具	[instrument]	tool／gadget
例	[example]	instance
保存、保護	[preservation]	protection
明確な	[definite]	distinct／obvious／clear
用語	[word]	term
意見、考え	[opinion]	view／idea／thought
重要な	[significant]	important
利益	[benefit]	profit
ばかげた	[ridiculous]	stupid／foolish／absurd
親切な	[considerate]	kind

頻繁に [frequently]／often－rarely／seldom めったにない

まれな [rare]－common よくある

正しい [right]－wrong 間違った

出発 [departure]－arrival 到着

有罪 [guilt]－innocence 無罪

黒字 [surplus]－deficit 赤字

類似の [similar]－different 異なる

都会の [urban]－rural 田舎の

優れた [superior]－inferior 劣った

主観的な [subjective]－objective 客観的な

本物の [genuine]－fake／false 偽物の

長所 [strength]－weakness／flaw 短所

厚い [thick]－thin 薄い

結果 [result]／effect－cause 原因

減少する [decrease]／decline－increase 増加する

断る [refuse]／reject／decline－accept 受け入れる

支出 [expense]－income 収入

創造する [create]－destroy 破壊する

抽象的な [abstract]－concrete 具体的な

愚かな [stupid]－intelligent／bright 利口な

含む [include]－exclude 除く

古代の [ancient]－modern 現代の

許可する [permit]－prohibit 禁止する

守る、大切に使う [conserve]－waste 無駄に使う

建設 [construction]－destruction 破壊

独特の [unique]／unusual－common／ordinary 平凡な

裕福 [wealth]－poverty 貧困

従業員 [employee]－employer 雇用主

被害者 [victim]－offender 加害者

需要 [demand]－supply 供給

礼儀正しい [polite]－impolite 失礼な

普通の	[ordinary]	− extraordinary	並はずれた
合法的な	[legal]	− illegal	非合法な
よくある	[common]	− uncommon	まれな
規則的な	[regular]	− irregular	不規則な
明確な	[clear]	− unclear	ぼんやりした
正しい	[correct]	− incorrect	間違った
信じられる	[credible]	− incredible	信じられない
十分な	[sufficient]	− insufficient	不十分な
直接の	[direct]	− indirect	間接の
運のよい	[fortunate]	− unfortunate	運の悪い
有利	[advantage]	− disadvantage	不利
我慢強い	[patient]	− impatient	短気な
正直な	[honest]	− dishonest	不正直な
便利な	[convenient]	− inconvenient	不便な
関連した	[relevant]	− irrelevant	無関係の
目に見える	[visible]	− invisible	目に見えない
心地よい	[pleasant]	− unpleasant	不快な
現れる	[appear]	− disappear	消える
同意する	[agree]	− disagree	同意しない
つなぐ	[connect]	− disconnect	接続を切る
よく知っている	[familiar]	− unfamiliar	よく知らない
人気がある	[popular]	− unpopular	不人気な
進んで	[willing]	− unwilling	気の進まない
効率的な	[efficient]	− inefficient	非効率的な
雇用	[employment]	− unemployment	失業
依存	[dependence]	− independence	独立
秩序	[order]	− disorder	混乱
道徳的な	[moral]	− immoral	道徳に反する
必要な	[necessary]	− unnecessary	不必要な
公正	[justice]	− injustice	不正
正常な	[normal]	− abnormal	異常な

名詞→動詞

[character] 特性 → characterize 特徴づける
[emphasis] 強調 → emphasize 強調する
[sale] 販売 → sell 売る
[variety] 変化 → vary 変わる
[relief] 安堵 → relieve 和らげる
[opposition] 反対 → oppose 反対する
[advice] 忠告 → advise 忠告する
[shortness] 短さ → shorten 短くする
[response] 返答 → respond 返答する
[strength] 強さ → strengthen 強くする
[memory] 記憶 → memorize 記憶する
[breath] 息 → breathe 呼吸する
[proof] 証明 → prove 証明する
[bath] 入浴 → bathe 入浴する
[device] 装置 → devise 考案する
[satisfaction] 満足 → satisfy 満足させる
[apology] 謝罪 → apologize 謝罪する

動詞→形容詞

[miss] 的をはずす → missing 行方不明の
[exceed] 超える → excessive 過度の
[consider] よく考える → considerate 思いやりのある
[obey] 従う → obedient 従順な
[attract] 引きつける → attractive 魅力的な
[addict] 中毒にさせる → addictive 中毒性の

形容詞→名詞

[honest] 誠実な → honesty 誠実
[wise] 賢明な → wisdom 賢明さ、知恵
[reliable] 信頼できる → reliance 信頼
[secure] 安全な → security 安全
[certain] 確実な → certainty 確実なこと

※ここでの派生語には、必ずしも左から右の単語へ派生したものではない語も含む。

名詞→形容詞

[culture] 文化 → cultural 文化の
[structure] 構造 → structural 構造的な
[science] 科学 → scientific 科学的な
[biology] 生物学 → biological 生物学的な
[excitement] 興奮 → exciting わくわくさせる
[finance] 金融、財政 → financial 金融の、財政的な
[intelligence] 知能 → intelligent 知能が高い
[mind] 心、知力 → mental 心の、知的な
[anxiety] 心配、切望 → anxious 心配している、切望している
[practice] 実行、実際 → practical 実際的な
[crisis] 危機 → critical 危機的な
[profession] 職業 → professional 本職の
[reward] 報酬 → rewarding やりがいのある
[evidence] 証拠 → evident 明白な
[guilt] 有罪 → guilty 有罪の
[suspect] 容疑者 → suspicious 不審な
[education] 教育 → educational 教育の
[psychology] 心理学 → psychological 心理的な、心理学上の
[physics] 物理学 → physical 物理学の、肉体の
[fortune] 運、幸運 → fortunate 運がよい
[ambition] 野心 → ambitious 野心的な
[liberty] 自由 → liberal 自由主義の、寛大な
[politics] 政治学 → political 政治の、政治的な
[origin] 起源 → original もともとの
[extinction] 絶滅 → extinct 絶滅した
[nerve] 神経 → nervous 神経質な
[geography] 地理学、地形 → geographic 地理学の、地理的な
[race] 人種、民族 → racial 人種の、民族の
[significance] 重要性 → significant 重要な
[religion] 宗教 → religious 宗教の

動詞→名詞

[discover] 発見する → discovery 発見
[defend] 守る → defense 防衛
[remove] 取り除く → removal 除去
[invite] 招待する → invitation 招待
[receive] 受け取る → reception 受け入れること、歓迎
[pollute] 汚染する → pollution 汚染
[describe] 描写する → description 描写
[realize] 実現する → realization 実現
[depart] 出発する → departure 出発
[admit] 認める → admission 許可
[prepare] 準備する → preparation 準備
[innovate] 革新する → innovation 革新
[weigh] 重さがある → weight 重さ
[investigate] 調査する →investigation 調査
[sympathize] 同情する → sympathy 同情
[explode] 爆発する → explosion 爆発
[intend] …するつもりである → intention 意図
[adjust] 調節する → adjustment 調節
[expose] 暴露する → exposure 暴露
[preserve] 保存する → preservation 保存
[evolve] 進化する → evolution 進化
[distinguish] 区別する → distinction 区別
[expand] 拡張する → expansion 拡張
[solve] 解決する → solution 解決
[behave] 振る舞う → behavior 振る舞い
[develop] 発達させる → development 発達
[maintain] 維持する → maintenance 維持
[refuse] 断る → refusal 断ること
[quote] 引用する → quotation 引用文
[compete] 競争する → competition 競争

単数形 → 複数形

stimulus → ［stimuli］ 刺激
analysis → ［analyses］ 分析
crisis → ［crises］ 危機
basis → ［bases］ 基礎
medium → ［media］ 手段、媒体
oasis → ［oases］ オアシス
goose → ［geese］ がちょう
mouse → ［mice］ ねずみ
foot → ［feet］ 足

～人(語)の → 国名

Greek ギリシャ人(語)の → ［Greece］ ギリシャ
Dutch オランダ人(語)の → ［Holland］／**the Netherlands** オランダ
Swiss スイス人(語)の → ［Switzerland］ スイス
Turkish トルコ人(語)の → ［Turkey］ トルコ
German ドイツ人(語)の → ［Germany］ ドイツ
Thai タイ人(語)の → ［Thailand］ タイ
Indian インドの → ［India］ インド

数

一万 **ten** ［thousand］
百万 **one** ［million］
一億 **one** ［hundred million］
十億 **one** ［billion］
一兆 **one** ［trillion］
2分の1 ［one half］／**a half**
4分の1 ［one quarter］／**a quarter**／**one-fourth**
4分の3 ［three quarters］／**three-fourths**
Aの2倍の～ ［twice］ **as ～ as A**
Aの3倍の～ ［three times］ **as ～ as A**

A bad workman blames his tools.

[弘法筆を選ばず]

When the cat's away, the mice will play.

[鬼の居ぬ間に洗濯]

Spare the rod and spoil the child.

[かわいい子には旅をさせよ]

Do not cast your pearls before swine.

[豚に真珠／猫に小判]

An old eagle is better than a young crow.

[腐っても鯛]

A drowning man will catch at a straw.

[おぼれる者はわらをもつかむ]

Heaven helps those who help themselves.

[天は自ら助くる者を助く]

Nothing costs so much as what is given us.

[ただより高いものはない]

There is no time like the present.

[思い立ったが吉日]

Too many cooks spoil the broth.

[船頭多くして船山に上る]

A rolling stone gathers no moss.

[転石苔を生ぜず]

A friend in need is a friend indeed.

[まさかのときの友こそ真の友]

When in Rome, do as the Romans do.

[郷に入っては郷に従え]

Out of sight, out of mind.

[去る者は日々に疎し]

Once bitten, twice shy.

[羹《あつもの》に懲りて膾《なます》を吹く]

A wonder lasts but nine days.

［人の噂も七十五日］

It never rains but it pours.

［二度あることは三度ある］

Time and tide wait for no man.

［歳月、人を待たず］

Jack of all trades and master of none.

［多芸は無芸］

Bad news travels fast.

［悪事千里を走る］

People will talk.

［人の口に戸は立てられぬ］

Where might is master, justice is servant.

［無理が通れば道理が引っ込む］

Birds of a feather flock together.

［類は友を呼ぶ］

All work and no play makes Jack a dull boy.

［よく遊び、よく学べ］

The end of money is the end of love.

［金の切れ目が縁の切れ目］

There is no accounting for tastes.

［蓼《たで》食う虫も好き好き］

All that glitters is not gold.

［光るものすべて金ならず］

Still waters run deep.

［能ある鷹は爪を隠す］

Strike the iron while it is hot.

［鉄は熱いうちに打て］

It is no use crying over spilt milk.

［覆水盆に返らず］

account [for] → explain　説明する
[act] **on (upon)** → affect　作用する
add [to] → increase　増やす
be [similar] **to** → resemble　似ている
bring [up] → raise / rear　子育てする
call [for] → demand　要求する
call [off] → cancel　中止する
call [up] → telephone　電話する
carry [on] → continue　続ける
carry [out] → accomplish / fulfill　成し遂げる
[catch] **up with** → overtake　追いつく
[come] **about** → happen / occur　起こる
come [by] → get / obtain　手に入れる
cut [down] → reduce　切りつめる
cut [in] → interrupt　口を挟む
do [away] **with** → abolish　廃止する
get [over] → overcome　克服する
→ recover　回復する
get [through] **with** → finish　終える
get [to] → reach　到着する
give [up] → stop / quit　断念する
→ abandon　やめる
go [on] → continue　続ける
go [through] → undergo　(主に苦難を)経験する
lead [to] → cause　引き起こす
let [down] → disappoint　失望させる
live up [to] → satisfy　期待に沿う
look [down] **on** → despise　軽蔑する
look [into] → examine / check　調べる
look [up] **to** → respect　尊敬する
make [out] → understand　理解する

pick [out] → select / choose　選び出す

put [off] → postpone / delay　延期する

put [out] → extinguish　(電気や火を)消す

put [stress] on → emphasize　強調する

put [up] with → endure / stand / bear　耐える

set [up] → establish　設立する

show [off] → display　見せびらかす

speak [well] of → praise　褒める

speak [ill] of → criticize　悪く言う

stand [by] → support　味方をする

stand [for] → represent　表す・象徴する

stand [up] for → support　支持する

take [advantage] of → utilize　利用する

take [after] → resemble　似ている

take [in] → deceive　欺く

take [on] → undertake　引き受ける

turn [down] → refuse / reject　拒否する

turn [out] → prove　判明する

→ produce　生み出す

turn [up] → appear　姿を現す

[wait] on (upon) → serve　仕える

make up one's [mind] → decide / determine　決心する

[go] away → leave　去る

in [advance] → beforehand　前もって

make a [decision] → decide　決定する

make one's [way] → go / head / proceed　進む

[come] with → accompany　一緒に来る(行く)

get in touch [with] → contact　連絡を取る

[in] fact → actually / as a matter of fact　実は

[now] and then → sometimes / once in a while / at times / occasionally / from time to time　時々

not only A but also B
＝ B as well as A　[AだけでなくBも]

It is (about / high) time (that) ～
[もう～してよい時間だ]

What A do ～
＝ the things that A do ～　[Aが～すること(もの)]

I don't get what you say.
[あなたの言うことがわからない]

let A know　[Aに知らせる]

consider A (to be) B ＝ think of A as B / regard A as B / look on A as B　[AをBだと考える]

lend A to B ＝ lend B A　[AをBに貸す]

with A B　[AがBという状態で／AがBなので]

leave A to B　[AをBに任せる]

tell A from B ＝ know A from B / distinguish A from B　[AをBと区別する]

never do ～ without A　[Aなしで～しない]

apply A to B　[AをBに応用する]

I bet that ～ ＝ I'm sure that ～　[きっと～だ]

turn A into B ＝ transform A into B　[AをBに変える]

neither A nor B　[AでもBでもない]

compare A with B　[AをBと比較する]

compare A to B　[AをBにたとえる]

associate A with B
＝ connect A with B　[AからBを連想する]

keep (prevent) A from ～ing　[Aに～させない]

prefer A to B　[BよりもAのほうを好む]

remind A of B　[AにBを思い出させる]

can not help ～ing　[～せずにはいられない]

be composed of ～
＝ consist of ～ / be made up of ～　[～からなる]

あいさつや自己紹介など

It's [been] a long time.
お久しぶりです

How have you been ?
/ How [is] everything going ?
いかがお過ごしですか？

Just [fine], thank you.
元気でやっています

The same as [usual].
相変わらずです

[May] I introduce myself ?
/ Let me introduce myself.
自己紹介させていただきます

I'm ~ [from] Tokyo.
東京から参りました～と申します

I'm a student [at] ABC University.
私はABC大学の学生です

I work [for] ABC Bank.
私はABC銀行に勤めています

May I introduce Doctor Smith [to] you ?
スミス博士をご紹介させていただきます

Ann, [this] is my friend Ken.
アン、こちらは私の友人、ケンです

I have to be [going]. / I'd better be leaving.
もう失礼しなければなりません

I'm glad to have [met] you. / Nice to have met you.
お会いできてうれしかったです

That's my [line].
こちらこそ

Please give my [best] regards to Mr.Sato.
佐藤さんにどうぞよろしくお伝えください

Say hello [to] Ken for me.

ケンによろしくね

Goodbye. / So [long]. / I'll see you again.

さようなら

Thank you (very much).
You're welcome. / [Not] at all.

どうもありがとう
どういたしまして

I'm really sorry.
That's all right.
No [need] to apologize.

本当にすみません
いいんですよ

[Congratulations] !

おめでとう！

Great ! / That's [wonderful] !

すばらしい！

That's [too] bad.

それはお気の毒に

Take it [easy].

気楽にね

How do you feel about it ? / What's your [opinion] ?

どう思われますか？

I agree [with] you.

賛成です

I can't [agree].

同意しかねます

I [understand] (entirely).

(よく)わかりました

I [don't] really understand.

よくわかりません

電話の表現

Hello. 〔This〕〔is〕～ (speaking).

もしもし、～です

Good morning. This is ～ calling 〔from〕 Paris.

おはようございます。パリの～と申します

Is ～ there ? / May I 〔speak〕 to ～ ?

～さんはいらっしゃいますか

May I speak to someone in the personnel 〔department〕?

人事部の方をお願いしたいのですが

Could I 〔leave〕 a message ?

伝言をお願いできますか

Tell him ～ 〔called〕, please.

～から電話があったとお伝えください

I'll call back 〔later〕.

後ほどかけ直します

Sorry, (I must have the) 〔wrong〕 number.

すみません、番号を間違えました

Who's calling please ?
/ May I have your 〔name〕?

どちら様でしょうか

What can I do 〔for〕 you ? / How can I help you ?

どういったご用件でしょうか

Hold 〔on〕, please. / One moment, please.

少々お待ちください

I'm sorry. He's talking 〔on〕 another phone.

申し訳ありません、ただいま電話中です

He's 〔out〕 at the moment.

外出しております

He's 〔at〕 a meeting.

会議中です

He's [on] a business trip.
出張中です

May I [take] a message ?
ご伝言を承りますが

Would you please call back [later] ?
後ほどかけ直していただけますか

Would you like him to call you [back] ?
折り返し電話させましょうか

Could you speak a little [louder], please ?
もう少し大きな声で話していただけますか

[Pardon] ? / Sorry ?
もう一度おっしゃってください

You must have the [wrong] number.
番号をお間違えのようですが

Thank you [for] calling.
お電話ありがとうございました

訪問の表現

Do you have an [appointment] ?
お約束はございますか

I have an appointment with Mr.Sato [at] 11:00.
11時に佐藤さんとお目にかかる約束です

[Would] you write your name in the visitors' list, please ?
来客者名簿にご記入いただけますか

He'll be right [with] you.
すぐに参ります

I'm sorry to have kept you [waiting].
お待たせして申し訳ありません

Could I [make] an [appointment] with Mr.Sato, please ?
佐藤さんと面会のお約束をいただきたいのですが

政治

[憲法改正]●constitutional amendment
[三権分立]●separation of the three powers
[基本的人権]●basic〈fundamental〉human rights
[議院内閣制]●parliamentary cabinet system
[衆〈参〉議院]●House of Representatives〈Councillors〉
[内閣提出法案]●cabinet bill
[行政改革〈指導〉]●administrative reform〈guidance〉
[閣議]●cabinet meeting
[国家〈補正・暫定〉予算]●national〈supplementary/provisional〉budget
[中央省庁]●central ministries
[地方自治]●local autonomy
[地方財政〈自治体〉]●local finance〈government〉
[政権交代]●regime change

選挙

[普通選挙]●universal suffrage
[選挙権]●right to vote
[比例代表制]●proportional representation
[選挙管理委員会]●election administration committee
[住民投票・国民投票]●referendum

国際社会

[国家安全保障]●national security
[集団安全保障]●collective security
[集団的自衛権]●right of collective self-defense
[有事法制]●contingency legislation
[周辺事態]●emergencies in areas surrounding Japan
[人種差別]●racial discrimination
[民族紛争]●ethnic conflict
[人道支援]●humanitarian aid
[難民申請]●Refugee application

[共同声明]●joint communiqué
[人口密度]●population density
[少子高齢化]●low birthrate and longevity
[核家族]●nuclear family

社会

[社会保障〈福祉〉]●social security 〈welfare〉
[終身雇用(制)]●lifetime employment (system)
[派遣労働者]●dispatched worker
[サービス残業]●unpaid overtime
[過労死]●death from overwork
[男女共同参画]●gender equality
[育児・介護休業法]●Act on Childcare Leave/Caregiver Leave
[性差別]●sexual discrimination / sexism
[セクハラ]●sexual harassment
[人権侵害]●abuse of human rights
[生涯教育〈学習〉]●lifelong education 〈learning〉
[環境教育]●environmental education
[産業廃棄物]●industrial waste
[循環型社会]●recycling-oriented society
[情報公開]●information disclosure
[情報リテラシー]●information literacy
[医療過誤]●medical malpractice
[不登校]●truancy
[ネットいじめ]●cyber-bullying
[家庭内暴力(DV)]●domestic violence
[児童虐待]●child abuse
[親権]●custody
[引きこもり]●withdrawal
[認知症]●dementia
[裁判員制度]●citizen judge system
[被害者救済]●victim relief

[死刑]●capital punishment
[世界遺産]●world heritage
[無形文化遺産]●intangible cultural heritage

経済

[年俸制]●annual salary system
[不良債権]●bad debts (loans)
[経営破綻]●bankruptcy / collapse
[経営再建]●management reconstruction
[景気]●economy / business conditions
[増〈減〉資]●capital increase 〈reduction〉
[地域通貨]●community currency
[協調介入]●coordinated intervention
[消費〈所得〉税]●consumption 〈income〉 tax
[赤字国債]●deficit-covering bond
[デフレ不況]●deflation-led recession
[減価償却費]●depreciation expense
[規制緩和]●deregulation
[景気動向指数]●diffusion index
[経済白書]●Economic White Paper
[電子決済]●electronic settlement
[公正取引委員会]●the Fair Trade Commission
[金融先物取引]●financial futures transaction
[金融機関]●financial institution
[金融危機／金融恐慌]●financial crisis
[財政赤字]●fiscal deficit
[変動為替相場制]●floating exchange rate system
[外貨預金]●foreign currency deposit
[外国為替]●foreign exchange
[株主総会]●general meeting of stockholders
[消費者物価指数]●consumer price index / CPI
[知的所有権]●intellectual property rights

[暗号資産]●crypto asset
[国際競争力]●international competitiveness
[持株会社]●holding company
[基軸通貨]●key currency
[最恵国待遇]●most-favored nation treatment
[経済制裁]●economic sanctions
[多国籍企業]●multinational corporation
[平均株価]●stock price average
[公開市場操作]●open market operations
[潜在需要]●potential demand
[物価安定]●price stability
[公的資金]●public funds
[業界〈企業〉再編]●market 〈company〉 reorganization
[構造改革特区]●Special Zones for Structural Reform
[円高〈安〉]●strong 〈weak〉 yen
[減〈増〉税]●tax reduction 〈increase〉
[法人税率]●corporate tax rate
[関税]●tariff
[外形標準課税]●size-based corporate tax
[貿易不均衡]●trade imbalance
[財政投融資]●fiscal investment and loan
[(完全)失業率]●unemployment rate
[円借款]●yen credit (loan)
[純利益]●net income
[投資家]●investor
[監査役]●auditor
[相乗効果]●synergy
[上場企業]●listed company
[証券会社]●securities company
[分散投資]●diversification investment
[資産配分]●asset allocation

科学用語

［酸性雨］●acid rain

［人工授精］●artificial insemination

［代替エネルギー］●alternative energy

［生検］●biopsy

［骨密度］●bone density

［二酸化炭素］●carbon dioxide

［複雑系］●complex systems

［脳死判定］●declaration of brain death

［消化器官〈酵素〉］●digestive organs 〈enzyme〉

［オゾン層破壊］●depletion of the ozone layer

［砂漠化］●desertification

［生物多様性］●biodiversity

［生態系の破壊］●deterioration of ecosystem

［ダイオキシン汚染］●dioxin contamination

［環境保全］●environmental conservation

［環境破壊］●environmental destruction

［環境ホルモン］●environmental hormone

［絶滅危惧種］●endangered species

［化石燃料］●fossil fuel

［気候変動］●climate change

［地球温暖化］●global warming

［温室効果］●greenhouse effect

［遺伝子特許］●gene patent

［遺伝子組換え］●gene recombination

［遺伝子治療］●gene therapy

［遺伝子工学］●genetic engineering

［地熱発電］●geothermal power generation

［自家発電］●private power generation

［院内感染］●hospital infection

［ワクチン接種］●vaccination

[体外受精]●in vitro fertilization
[有機農業]●organic farming
[殺虫剤／農薬]●pesticide
[臓器〈心臓〉移植]●organ 〈heart〉 transplantation
[太陽電池]●solar battery (cell)
[技術革新]●technological innovation
[生命科学]●life science
[再生医療]●tissue engineering
[森林破壊]●destruction of forests
[熱帯雨林]●tropical rain forests
[異常気象]●unusual (abnormal) weather
[紫外線]●ultraviolet rays
[植物状態]●vegetative state
[風力発電]●wind power generation
[人工知能]●artificial intelligence
[最先端技術]●cutting-edge technology
[顔認証]●face recognition
[発ガン性物質]●cancer-causing material
[圧縮ファイル]●compressed file
[システム障害]●system glitch
[サイバー攻撃]●cyberattack
[臨界事故]●criticality accident
[核融合]●nuclear fusion
[原子力発電所]●nuclear power plant
[放射能汚染]●radioactive pollution (contamination)
[使用済み核燃料]●spent nuclear fuel
[震度]●seismic intensity
[iPS細胞]●induced Pluripotent Stem cell
[小惑星探査機]●asteroid probe
[宇宙飛行士]●astronaut
[(感染症の)世界的大流行]●pandemic

IT関連

クラウド・コンピューティング→cloud computing
●[ソフトなどをインターネット経由で利用するしくみ]

デジタル・ディバイド→digital divide●[インターネット、PCなどの利用能力・環境による情報格差]

ポータルサイト→portal site
●[インターネットブラウザを立ち上げたとき最初にアクセスする入口のページ。検索エンジンやニュースコンテンツなど各種サービスを提供する]

メディアリテラシー→media literacy●[各種報道による情報を主体的、批判的に判断し、活用する能力]

ITS→Intelligent Transport Systems
●[高度道路交通システム]

IoT→Internet of Things●[モノのインターネット]

食品・健康

GM食品→Genetically Modified Food
●[遺伝子組換え食品]

トレーサビリティ→traceability
●[生産履歴を明らかにする制度]

HIV→Human Immunodeficiency Virus
●[ヒト免疫不全ウイルス]

QOL→Quality of Life●[生活の質]

インフォームド・コンセント→informed consent
●[十分な説明がされたうえで治療に同意すること]

企業活動

QC→Quality Control●[品質管理]

CI→Corporate Identity●[コーポレート・アイデンティティ（企業イメージ確立戦略）]

TOB→Take-Over Bid●[株式公開買い付け]

SDGs→Sustainable Development Goals
●[持続可能な開発目標]

国際経済・貿易等

IMF→International Monetary Fund
●［国際通貨基金］

APEC→Asia-Pacific Economic Cooperation
●［アジア太平洋経済協力］

TPP協定→Trans-Pacific Partnership Agreement
●［環太平洋パートナーシップ協定］

OPEC→Organization of the Petroleum Exporting Countries●［石油輸出国機構］

OECD→Organisation for Economic Co-operation and Development●［経済協力開発機構］

WTO→World Trade Organization●［世界貿易機関］

EU→European Union●［欧州連合］

CIS→Commonwealth of Independent States
●［独立国家共同体(一部を除く旧ソ連諸国)］

軍事

NPT→Treaty on the Non-Proliferation of Nuclear Weapons●［核拡散防止条約］

新START→New Strategic Arms Reduction Treaty
●［新戦略兵器削減条約］

ICBM→Intercontinental ballistic missile
●［大陸間弾道ミサイル］

PKO→Peacekeeping Operations●［国連平和維持活動］

IAEA→International Atomic Energy Agency
●［国際原子力機関］

NATO→North Atlantic Treaty Organization
●［北大西洋条約機構］

その他

TOPIX→Tokyo Stock Price Index●［東証株価指数］

NGO→Non-Governmental Organization●［非政府組織］

ISS→International Space Station●［国際宇宙ステーション］

●本文デザイン／本田範子
●本文イラスト／いわまつ あき
●編集協力／ワードクロス

本書に関する正誤等の最新情報は下記の URL でご確認下さい。
https://www.seibidoshuppan.co.jp/support

上記 URL に記載されていない箇所で正誤についてお気づきの場合は、書名・発行日・質問事項（ページ数、問題番号等）・氏名・郵便番号・住所・FAX 番号を明記の上、郵送または FAX で成美堂出版までお問い合わせ下さい。

※電話でのお問い合わせはお受けできません。
※本書の正誤に関するご質問以外にはお答えできません。
※ご質問到着確認後 10 日前後に回答を普通郵便または FAX で発送いたします。
※ご質問の受け付け期限は2025年4月末までといたします。ご了承下さい。

就職試験 これだけ覚える一般常識・時事 '26年版

2024年5月20日発行

編　著　成美堂出版編集部
発行者　深見公子
発行所　成美堂出版
〒162-8445　東京都新宿区新小川町1-7
電話(03)5206-8151　FAX(03)5206-8159
印　刷　大盛印刷株式会社

ISBN978-4-415-23844-9
落丁・乱丁などの不良本はお取り替えします
定価は表紙に表示してあります